Ulrich Erckenbrecht

Maximen und Moritzimen

Bemerkungen über
dies und jenes

Muriverlag

Von der Mehrzahl der Werke bleiben nur die Zitate übrig. Ist es dann nicht besser, von Anfang an nur die Zitate aufzuschreiben?

(Lec)

Ulrich Erckenbrecht, auch unter anderen Namen unbekannt, schrieb so allerhand, unter anderem auch dieses Buch.

CIP-Titelaufnahme der Deutschen Bibliothek

Erckenbrecht, Ulrich:
Maximen und Moritzimen : Bemerkungen über dies und jenes / Ulrich Erckenbrecht. – 1. und einzige Aufl. – Göttingen : Muriverl., 1991
ISBN 3-922494-11-0

1. und einzige Auflage 1991

ISBN 3-922494-11-0
Satz: Ursula Pigge, Schmitten
Druck: Fuldaer Verlagsanstalt
MURIVERLAG, Postfach 1765, D-3400 Göttingen

Inhaltsverzeichnis

Absichtserklärung

Dieses Büchlein ist eine Summina dessen, was ich bisher gemacht habe. Es enthält Gedanken und Phantasien aus meinen Manuskripten und aus meinen Publikationen, die sich über den jeweiligen Anlaß hinaus behaupten können. Wie der Kenner meiner Schlenker bemerkt haben wird, gehört meine Liebe den kleineren Formen, und so stellt dieser Band außer Aphorismen alle möglichen Spielarten kurzer Literatur vor: prosaische Epigramme, verlängerte Abkürzungen, authentische Fälschungen, originelle Plagiate, nichtdefinitive Definitionen, grobianische Feinheiten, asoziale Gesellschaftsspiele und andere verbalinspirierte Verbalhornungen.

Einige wenige Formulierungen habe ich dem Volksmund abgehört und aus den Schriften anderer Autoren übernommen; der überwiegende Teil geht auf meine Kappe. Ich muß wohl noch hinzufügen, daß keine der nachfolgenden Äußerungen meine wirkliche Meinung repräsentiert – vielmehr handelt es sich lediglich um übertriebene Behauptungen ohne jede Ernsthaftigkeit und um merkwürdige Spielereien ohne erkennbaren Sinn. Wer sich beleidigt fühlt, ist selbst dran schuld.

Es gibt verschiedene Möglichkeiten, eine solche Sammlung für den Druck zu ordnen: gänsemarschartig hintereinander, nach grammatischen Mustern, nach den Lehrbuchfiguren der herkömmlichen Rhetorik, nach den zurechtkonstruierten Klassifikationen der akademischen Sprechakttheorie, etcetera pst pst. Ich ziehe eine andere Organisationsform vor, eine Einteilung nach rhetorischen und gedanklichen Motiven, die wie von selbst aus der Sprache, aus der Situation und aus dem gesammelten Material herauswachsen.

Die meisten Leser wollen gar nicht nachdenken, sie wollen sich nur vergnügen. Ich hingegen wünsche mir ein Publikum, das sich gern unterhalten läßt und gerade dadurch auf neue Ideen kommt. Wie jedem bekannt ist, der einmal versucht hat, einer Sache auf den Grund zu gehen, ist die Wahrheit in jedem Detail unendlich komplex, und je umfassender sie dargestellt wird, desto unfaßlicher erscheint sie. Das aphoristische Denken möchte die Wirklichkeit vereinfachend berühren, aber insgeheim ihre Vielschichtigkeit sichtbar machen. Aphorismen sind keine Paragraphenpunkte einer starren Theorie, sondern Anregungen zum Selberdenken. Alsdann: strengt euch gefälligst an.

Hörensagen

Eleonora Dusel, die brutale Tragödin, die auch unter dem volkstümlichen Namen Mordsdusel gefeiert wurde, rief eines Abends in höchster Duselei: „Potzschwefeltürkenelement!" Dann aber heiratete sie Garibaldi, den Erfinder des Schnellkochtopfs, und wurde fett und friedlich.

Blasius Blasenkopp, der Geisterschreiber des Geldbörsenvereins, kleckste miteinemmal den Slogan „Persil bleibt per se Persil" aufs blütenweiße Papier. Diese Glanztat erregte Bewunderung in den Werbeabteilungen der Verlage, und fortan richtete sich die gesamte Buchreklame nach diesem Lehrsatz.

Alma Courths-Mahler-Werfel entdeckte eines Tages mit Bestürzung, daß ihre linke Brust eine Idee nach unten hing. Hilfesuchend wandte sie sich an Ferruccio Busoni, der sie gleich weiter an Titta Ruffo verwies. Und Titta Ruffo konnte sie tatsächlich unterstützen: er konstruierte eine halbseidene Apparatur, die anfänglich nur in kleinen Kreisen unter dem Decknamen Beschäler bekannt war, bis die Japaner das Patent klauten und die Erfindung unter dem Markennamen Busuki in alle Welt exportierten.

Dem pathologischen Kathetersozialisten Rodolfo Virchowo wird der Satz zugeschrieben: „Ignorabimus". Das ist Nordberliner Dialekt und bedeutet so viel wie: „Für mich bitte kein Kohlrabimus". Das Diktum war sehr umstritten, aber die Prägnanz der Formulierung erfreut noch heute jeden Suppenkasper.

„Cogito, ergo sumsum", summte eines Morgens die Biene Maya gedankenverloren vor sich hin. „Cogito, ergo mus", erwiderte Mickymaus und machte die Erdbeermarmelade auf, um das Bienchen anzulocken. Da aber schritt Gino O'Knaus mit den Worten „Cogito, ergo interrumpo“ ein, und Mickymaus mußte betrübt den Schwanz einziehen.

Eric Vögelin war richtig erschrocken, als er in Luthers Werken den Satz entdeckte: „Wie du wilt, Vögelin, wiltu nit essen, so stirb!“ Sofort eilte er in das Feinschmeckerrestaurant ‚Coole Wampe‘, wo er schmatzte, rülpste und flatulierte, was das Zeug hielt, bis er wegen Magen- und Gästebeschwerden in eine katholische Mayonaiseklinik eingeliefert wurde.

Als Scheherazade einmal an Hunger litt, entfuhr ihr unversehens der Ruf: „Sesambrot, öffne dich!“ Natürlich konnte sie nicht ahnen, daß der arglistige Räuber Ali Baba diesen Einfall klauen und in vierzig schlaflosen Nächten seiner knackigen Braut Pumpa Nickel vorkauen würde.

Der Begründer der Psychopharmakologie, Prince Valium, sprach eines Nachts die goldenen Worte: „Warte nur, Baldrian, du ruhst auch!“ Diese Formel ließ er sich flugs patentieren, und bald war er gallensteinreich, tat sich mit einer Basler Patriziertochter zusammen und kein Auge mehr auf.

Sing und Sang, die beiden Hauptgottheiten des alten China, stritten sich heftig mit ihren Söhnen Kling und Klang, worauf das Reich der Mitte mit Geschepper zerfiel, bis es wieder durch Tsching Diskant mit harter Faust geeint wurde. Sing und Sang wurden von Tsching Diskant als Reichsverweser eingesetzt und taten diesem Titel alle Ehre. Kling und Klang aber, die gottverdammten Hurensöhne, mußten eine langjährige Freiheitsstrafe in Sing-Sing absitzen.

Bertrand Russell benötigte in seinem Werk ‚Principia Mathematica' über dreihundert Seiten, bis er zur Zahl 1 kam. Da konnte er sich doch an seinen zehn Fingern ausrechnen, daß niemand dieses Buch zu Ende lesen würde!

Als Hauptvertreter der Sanskritischen Theorie wird häufig Theodor W. Adorno angeführt (wie jeder weiß, ist W. eine Abkürzung für Weichselkirsche). Nur wenige aber wissen, daß Adorno während seiner amerikanischen Emigrationszeit im Big Business tätig war und unter anderem die nach ihm benannte Fluggesellschaft TWA gründete, die später volksetymologisch als Trans World Airlines gedeutet wurde.

Anthony Eden, der britische Rasenspezialist, der noch in biblischem Alter seinen Garten sorgsam pflegte, erlitt eine Lueskrise und mußte den Sündenbock zum Gärtner machen.

Der Volapykniker Pippin Scheidemann stieß im Adamriesekostüm auf die unbekannte Massöse Vagina Lollobrigibardot und ließ nicht eher von ihr ab, als bis er sie mit einem Körnchen Schmalz in eine Filmdiewaschön verzaubert hatte, an der sich die Dünkelmänner in parasitenwidriger Weise bis auf den heutigen Tag gütlich tun.

Der kaltschnäuzige Schneemensch Loipe de Vega sprach zu einem Eispickelhering: „Leck mich am Ärmelkanal!" Da jedoch der biedere Eispickelhering kein Yetisch verstand, blieb diese Anregung Loipe de Vegas ohne Widerhall, bis eines Mittags Fürst Pückler von der Geschichte hörte und sie eiskalt ausbeutete.

Bestimmungen

Bonn: das deutsche Aushängeschilda.

Urschrei-Therapeuten: Quaksalber.

Utopie: das Ewig-Morgige.

Wortspiel: das Gewölle Eulenspiegels.

Fetischismus: die Do-it-yourself-Religion.

Die Buchmesse ist der Kontakthof der kulturellen Tempelprostitution.

Werbung heißt Kacke als Schokojoghurt deklarieren.

Ein Autor ist ein Klassiker, sobald mehr als zehn Doktorarbeiten über ihn geschrieben worden sind.

Pegasus ist ein Worträtsel, dessen Rösselsprung über den Kopf des Lesers geht.

Einmannbetrieb: man ist sein eigener Herr, aber auch sein eigener Knecht.

Zirkel, Kreise, Ringe: Nullitäten.

Die Medien: Little Big Brother.

Das Geheimnis des Glückes liegt in der Fähigkeit, die Langeweile zu genießen.

Kuriosa

Ein nordchinesischer Nachttopf aus der Ling-Ling-Dynastie.

Der unbarmherzige Xundsammaritter.

Ein Rendezvous im Schuriglu.

Leda und das Schwein.

Der Überzwerg.

Das Unding an sich.

Das Volk der Ludwig Richter und Peter Händker.

Karin war, wie der Name schon sagt, Bibliothekarin.

Hick et nunc, Vierteljahrsschrift für Quartalssäufer.

Eine Brust wie das Matterhorn.

Eine Wohnung mit Goldfischen und mit Silberfischen.

Cappuccino liest aus dem Kaffeesatz.

Ein hergelaufener Leichtathlet.

Quatsch ohne Sauce.

Der südchinesische Politiker Hu Is Hu.

Wortschöpfungen

Skinnerboxer
Persona non gratinata
Amtsschimmelpilz
Sowjetset
Chamäleontreiber
Fernsehkabeljau
Cocktailpartisan
Pampelmusenalmanach
Fucktotum
Tastendonnergott
Leitfadenwurm
Pipapoebene
Egotripper
Pseudonymphe
Einsteinzeit
Biographieauto
Weihwasserscheu
Dinosaumäßig
Zeilenschinderhannes
Gummischabernack
Allerleirauhbein
Gralsladenhüter
Cargonaut
Lebertranquilizer
Hauzudegen
Liliputana
Idolatrine
Blumenbeethoven
Machsnochmalsamisdatverlag
Vettelwirtschaft

Namenlos

Ede Vau
Evi Denz
Samuel Surium
Coca Cola di Rienzi
Anna Tommy
Volker Mundus
Ida Nordpol
Ödön von Blödö
Pee Pah Peau
Mimi Kry
Mucki Fucki
Carlo Marchi
Federico Angeli
Platotüdi
Maggi Supptilis
Hans Ritz
Udo Sempny
Ann Mousy
Eric Ledoux
Hans-Ulrich Müller-Remscheid
Clirr Buecherknecht
Kurt Amsel
Fritz Drossel
Peter Fink
Rolf Meise
Günter Star

Mißverständnisse

Da schreibt man über Ketzerei, und die Leute lesen: Hetzerei, Petzerei, Metzgerei.

Es wachsen neue Generationen heran, die Mao für eine siamesische Katzenart halten.

Ein Reisebuchverlag mußte seine Reihe ‚Travel-Aids' einstellen, weil die Kunden aus Angst vor Ansteckung keinen Band mehr anfaßten.

Ein Student wollte wissen, was das Wort ‚levant' bedeute; er höre ständig, daß etwas als ‚irre levant' bezeichnet werde.

Selbst seine Irrtümer hatten etwas Originelles. Er hielt ‚Wischnu' für einen Putzlappen, ‚Porridge' für eine Stadt in Jugoslawien, ‚Ben Hur' für einen arabischen Callboy und ‚Lirum, larum, Löffelstiel' für ein altrömisches Epigramm.

Weil er dauernd ‚Tschuldigung' murmelte, glaubten die Amerikaner, er hieße ‚Julian'.

Er wollte einer Klavierschülerin beibringen, was das Wort ‚Glissando' bedeutet, aber sie verstand immer nur ‚Mißhandlung'.

Ein Zensor hört sogar aus dem Wort ‚fiktiv' eine Obszönität heraus.

Die Priester murmeln immer ‚Kyrieleis', und die Leute verstehen immer ‚Curryreis'.

Tiere haben das Wort

Der Kiebitz läßt die Arbeit ruh'n und freut sich auf den Afternoon.

Ein Tier, das in Deutschland nicht vorkommt, ist die Katze unterm Sofa, wenn man sie ruft.

Wenn man einen Uhu im Zoo lange anstarrt, dann dreht er den Kopf weg, weil ihm der Mensch zu blöd ist.

Was für eine Rückentwicklung vom Darwinfinken zum sozialdarwinistischen Schmierfinken!

Speckdebilitäten fühlen sich vor allem in Sauställen wohl.

Wer sich mit der Frage beschäftigt, was früher war, die Henne oder das Ei, der hat noch Eierschalen hinter den Ohren.

Viel gefährlicher als ein indischer Dschungeltiger ist ein indischer Höherkastiger.

Der innere Schweinehund wird gezüchtet von äußeren Sauhunden.

Für ein Kind ist eine Pfütze mit einer Kaulquappe aufregender als die ganze Südsee.

Er hatte so große Nasenlöcher, daß die Fliegen unablässig versuchten, sich dort häuslich einzurichten.

Weil der Schwanz am Hund hängt, hängt der Hund am Schwanz.

Ein Berliner Junge wurde in einen religiösen Kindergarten geschickt, wo die Nonne eines Tages fragte: „Kinder, was mag das wohl sein – es ist braun, hat einen buschigen Schwanz und springt fröhlich von Ast zu Ast?" Der Junge sagte: „Eigentlich müßte det ein Eichhörnchen sein, aber wie ick den Laden hier kenne, isses bestimmt wieder das liebe Herzjesulein". Solche heiligen Tierchen gibt es in allen ideologischen Kindergärten. Jede Weltanschauung hat in ihrer Mythologie ein vielseitig verwendbares Eichhörnchen, das fröhlich von Ast zu Ast springt und verheißungsvoll mit dem buschigen Schwanz wedelt.

Die größten Tierarten der Gegenwart – die Giraffe, der Blauwal, der Riesenmaulhai, der Elefant, der Gorilla – gehören zu den friedliebendsten Kreationen unseres grasgrünen Planeten. Warum gilt nicht auch bei den Menschentieren die Regel: Je größer, desto friedlicher?

Die Geier gründeten den ersten Tierschutzverein.

Unterscheidungen

Laut spielen kann jeder, leise nur der Künstler.

Schriftsteller, die schreiben können, arbeiten an ihren Werken. Schriftsteller, die nicht schreiben können, werden Funktionäre im Schriftstellerverband.

Die Theorien der Seminarphilosophen sind weder wahr noch falsch noch sinnlos; sie sind einfach nur unsagbar langweilig.

Die Naturwissenschaften entdecken zuviel Wahrheit, die Geisteswissenschaften zuwenig. Die Entwicklung der Naturwissenschaften ist im wesentlichen linear, die der Geisteswissenschaften im unwesentlichen zirkulär. Die Naturwissenschaften bewegen sich mit immer schnellerem Tempo in Richtung Absturz, die Geisteswissenschaften drehen sich gemächlich im Kreise des Geschwätzes.

Entscheidend für die Beurteilung einer Theorie ist nicht das, was sie alles sagt, sondern das, was sie alles nicht sagt.

Die kritische Rhetorik kennt zwei Ausgangspositionen: ‚Ich gegen die Welt' und ‚Wir in der Welt'. Die erste zieht unvermeidlich Haß und Empörung auf sich, wobei die geläufigsten Schmähvokabeln ‚Arroganz', ‚Besserwisserei' und ‚Eitelkeit' lauten, die zweite erdichtet eine Gemeinsamkeit, die außer dem Kritiker kaum jemand teilt. Nun quäle dich und wähle nicht und finde eine dritte Position.

Max Ernst wurde nach einem Konzert gefragt, warum er diese Musik schön finde, worauf er die Hände hob und sagte:

„Warum, warum – sie *ist* doch schön". Eben dies unterscheidet einen urteilsfähigen Künstler von einem geschwätzigen Ästheten.

Früher war es die Aufgabe der Kunst, Chaos in die Ordnung zu bringen. Heute ist es die Aufgabe der Kunst, Ordnung in das Chaos zu bringen.

Als Bertrand Russell von einer Dame gefragt wurde, was eigentlich der Unterschied zwischen einem Rechtsanwalt und einem Staatsanwalt sei, sagte er: „Ungefähr derselbe wie zwischen einem Krokodil und einem Alligator".

Hier Reedereien, dort Redereien.

Glauben ist verdammt einfach, Denken ist verflucht schwierig.

Entgegnungen

Sie sagte: „Ich perhorresziere deine Fremdwörtermanie!“

„Wenn man zuviel weiß, macht man nichts mehr“. „Sag das noch mal“. „Weiß nicht mehr“.

Und fragst du mich: „Hat das Niveau?“, dann sage ich nur kurz: „I wo“.

Die Welt ist Klang? Die Welt ist Schall und Rauch und Marktgeschrei. Brahma ist nada.

Im privaten Umgang sind die Rezensenten allesamt liebe und nette Menschen, manche spielen sogar Klavier, aber wenn sie dann zum Zeilenfüller greifen, wird's entsetzlich. Vielleicht sollte man sie einfach am Klavier festbinden.

Eineck sagt dies, Zweieck sagt das, dann kommt Dreieck und behauptet, daß sowohl Eineck als auch Zweieck unrecht haben, und schließlich schreibt Viereck die Geschichte von Eineck, Zweieck und Dreieck – so schreitet das menschliche Denken immer weiter fort.

Für simple Charaktermasken genügt eine einfache Demaskierung. Nur bei zwiebelartigen Ideologen muß man sich mehr Mühe mit dem Herausschälen machen.

Über Geschmack soll man nur mit jenen streiten, die welchen haben.

Vergeblich ist es, mit Wirrköpfen zu diskutieren, denn eben

weil sie Wirrköpfe sind, können sie gar nicht erkennen, daß sie Wirrköpfe sind.

Kontroversen werden nicht dadurch beendet, daß sich die besseren Argumente durchsetzen, sondern durch allgemeine Erschöpfung; zum Schluß sind es alle leid, weiter darüber zu reden.

Wenn sich die Objekte einer Parodie von ihr nicht bloßgestellt, sondern bestätigt fühlen, muß man sich ein neues Publikum erfinden.

Auf jeden Mythos folgt seine Entmystifizierung, und auf jede Mythosentmystifizierung folgt wiederum die Entmystifizierung der Mythosentmystifizierung – was soll man da noch glauben?

Es gibt kein richtiges Leben im falschen, weil die Idee vom richtigen Leben von Anfang an falsch war.

Der Satz, daß die Sensation von heute die Banalität von morgen ist, war gestern schon trivial.

„Du hast wohl nicht alle fliegenden Untertassen im Schrank!?"

Was kann schon dabei herauskommen, wenn die Presse anfängt, scharfsinnig zu werden? Alle Schlüsse der Journalisten sind so kurz wie die Zeit bis zum Druckbeginn.

Verwunderungen

Warum ist der Banause krumm?

Warum haben gerade Legastheniker den Ehrgeiz, Professoren der Philologie zu werden?

Warum drängt sich bei dem Wort ‚Volljurist' immer die Assoziation ‚Vollidiot' auf?

Warum gewinnen so wenige Hellseher im Lotto?

Können Philosophen denken?

Was soll man mit Zeitgenossen anfangen, die Rimbaud für die französische Version von Rambo halten?

Wieso fällt manchen Leuten zu Chopin nur ein: „Papa plätschert in der Badewanne"?

Jeder Unfug, der überhaupt behauptet werden kann, wird eines Tages tatsächlich behauptet!

Merkwürdig, daß die Leute gerade dann, wenn sie etwas als ‚lächerlich' bezeichnen, überhaupt nicht lachen.

Die Kritik an der kapitalistischen Gesellschaft ist in den Grundzügen (und in den ‚Grundrissen') richtig – schade nur, daß die socold sozialistischen Übergangsgesellschaften und Untergangsgesellschaften nicht viel besser waren, eher sogar noch schlechter. Gleiches gilt für den Widerstand gegen das Patriarchat, für die Polemik gegen die Religionen und für zahllose weitere Beispiele. Warum ist das so, daß immer nur ein altes Übel durch ein neues Übel ersetzt wird?

Die Theorie ist glänzend, die Praxis miserabel – das gilt beispielsweise für die von Freud ausgehende Tradition. Die Theorie ist abstrus, die Praxis achtbar – das darf man etwa über die Anthroposophen sagen. Wenn die Theorie schlecht ist, kann die Praxis nur noch besser werden, und wenn die Theorie brillant ist, kann die Praxis nur dagegen abfallen. Nur schlechte Theorien scheinen uns weiterzuhelfen. Das ist selbst eine schlechte Theorie, sagen die Neunmaldummen.

Wie ist Erfahrung möglich? Wie sind synthetische Sätze a priori möglich? Wie ist Metaphysik als Wissenschaft möglich? Wie ist eine solche Fragerei überhaupt möglich?

Exempel

Treffsichere Formulierung: „Der Kanzler ist auf eine glänzende Idee gestoßen worden" (Dieter Hildebrandt).

Kongeniales Pendant: „Wenn es die Presse nicht gäbe, dürfte man sie nicht erfinden" (Balzac).

Wunderschöne Wendung: „... und sanken Wange an Wange in den Schlaf der Glücklichen" (Arthur Schnitzler).

Wenn sich nur alle Diskussionsredner so kurz fassen würden: „Tut tut" (Harpo Marx)!

Ein Diktum, das immer wahr ist: „Sie wissen et nich, sie wissen et nich" (Tucholsky).

Muttersprachwitz: „Wenn dich Haß und Neid umringen, denk an Götz von Berlichingen!"

Der Mund des Volkes: „Ich weiß nit, Herr Doctor, was die Leut an Ihne habe, daß sie immer hierher komme und Sie sehe wolle; ich hab genug an Ihne" (Schopenhauers Haushälterin).

Was bleibt von den politischen Kabalen, von den literarischen Fehden, von den schulphilosophischen Streitigkeiten, von all den Kontroversen, die uns einmal wichtig erschienen? „Nur das gut Gesagte kommt auf die Nachwelt" (Buffet). Gut gesagt – wenn es noch eine Nachwelt gibt.

Blütenstil

Deutsch als Fremdsprache. – „Ein Stillendes müßte sich ereignen, was das Wehen der Weite in das Gefüge der rufenden Sage beruhigte" (Südschwarzwald, 50er Jahre).

Tiefdeutsch. – „Dasein heißt Leibsein", hörte man auf einem Lehrstuhlgang, und alle Teilnehmer hielten sich den Bauch vor Lachen (60er Jahre).

Seminardeutsch. – „Die aus diesem Versuch einer Darstellung der revolutionstheoretischen Implikationen der marxschen Bestimmung der Kategorie der produktiven Arbeit im Hinblick auf ihre Rolle als Konstituens revolutionären Klassenbewußtseins des Proletariats resultierenden Problemstellungen möchten wir mit hypothetischen Vorschlägen zu einer weiteren Diskussionsstrategie für eine Arbeitsgruppe im nächsten Semester explizieren, wobei wir hoffen, bis dahin ein ausführliches Paper vorlegen zu können" (Frankfurt, 70er Jahre).

Leerdeutsch. – „Für diese Thesen darf ich eine gewisse Zustimmungsbereitschaft annehmen, ich kann das aber nur in sehr begrenztem Ausmaß tun, hier muß ich also ein großes Forschungsdefizit anmelden, ich will mich jedoch nicht lange mit solchen Selbstverständlichkeiten aufhalten, meine Überlegungen laufen also darauf hinaus, ich möchte in diesem Zusammenhang allerdings darauf aufmerksam machen, zum Abschluß wende ich mich noch kurz der Frage zu, ich will das Problem hier jedoch nicht ausloten" (Beliebig mit Inhalt zu füllender Vortrag, 80er Jahre).

Computerdeutsch. – „Input, Output, Ganzput" (90er Jahre).

Statements

„Na also“, sprach Zarathustra.

„My bosom is my castle“ (Marilyn-Monroe-Doktrin).

„Wahrheit, Klarheit, Fahrenheit!“ (Celsius Reaumur).

„Mit unsrer Magd ist nichts getan“ (Herr Knecht).

„Der, Die, Das“ (Du Den).

„Ün düm Kürzül lügt dü Würzül“ (Ata Ata Türkü).

„Wie ich in meiner Steuererklärung ... äh, in meiner Regierungserklärung gesagt habe ...“ (Kanzlerinterview).

„Von Nix kommt Nixe“ (Poseidon).

„Glück ohne Ruh, Schubbedibu, bist duhuhu“ (Go-Go-Ethe).

„Heile heile Selassie“ (Ernst Neger).

„Pfft“ (Flatus Vocis).

„Nil admirari“ (Abu Simbel).

„In meinem Zimmer rußt der Ofen, in meinem Herzen, Rust, nur du“ (Raissa Gorbatschowa).

„Die Werswölfe, der Werswölfe, den Werswölfen, die Werswölfe“ (Unbekannter Dorfschulmeister).

„Alle Philosophen sind Lügner“ (Krethi und Plethi).

„Wer nie sein Brot im Bette aß, der weiß nicht, wie die Krümel pieken“ (Gustav Wasa).

„Ohne Mimi geht der Papa nie ins Bett“ (O runde).

„Wenn du nicht willst, du dumme Kuh, dann sag auch keinem andern Muh“ (Der goldene Bulle).

Kranksein

Man hatte Heine, man hatte Karl Kraus, man hatte die Habermasern.

Ein Masochist, der zurückhaut, gilt als pervers.

Krankheiten dienen der Erholung, während Erholungsurlaube oft krank machen.

Wer Klinken putzt, wird schneller krank.

Alles, was krank macht, kriegt man gratis; nur das Wiedergesundwerden kostet Geld.

Ich habe zu viele Therapeuten gesehen, die sich einen Sportwagen kauften, und zu viele Patienten, die ihren Kleinwagen verkauften.

Man holt sich im Handtuchumdrehen eine Erkältung.

Er litt an Ejaculatio Postbox.

Wenn man krank im Bett liegt, ist mit Sicherheit draußen herrliches Wetter.

Imperative

Komm, sei kein Froschkönig!

Banause, mach Pause!

Nimm dein dreckiges Pfotencape da weg!

Renn nicht dem Ruf nach, der dir vorausgeht!

Die Schafe von den Holzböcken sondern!

Schaffe, schaffe, Systemle baue!

Wisch dir die Pechsträhne aus dem Gesicht!

Nicht verzagen – weiter plagen!

Pack's, Auguste!

Sehnsucht, müdes Stehaufweibchen, steh doch auf!

Fortschritt – geh weg!

Il faut jardiniser la culture!

Ideen statt Ideologien!

Die Philosophen haben die Welt nur verschieden interpretiert, die Politiker haben die Welt nur verschieden verändert; es kömmt drauf an, die Welt vor ihren Interpreten und vor ihren Veränderern zu beschützen.

Neuaufklärung ist der Ausgang des Menschen aus seiner selbstverschuldeten Übermütigkeit. Habe den Mut, dich deines Verstandes nicht unkontrolliert und zerstörerisch zu bedienen, ist also der Wahlspruch der zweiten, dritten und vierten Aufklärung.

Handle so, als ob die Maxime deines Widerwillens jederzeit die Moritzime einer allgemeinen Gesetzgebung werden könnte.

Genies müssen nicht gazettiert werden.

Lies lobende Rezensionen. Dann weißt du genau, wie mies die Bücher und wie korrupt die Journalisten sind.

Wer mag noch?

Wer mag noch das opake Gequak häßlicher Dozentlein anhören?

Wer mag sich noch mit dem dreisten Geschnaube popelistischer Rotzjungen befassen?

Wer mag noch die schleimigen Ausflüsse penetranter Vaginakratinnen in sich aufsaugen?

Wer mag noch das hohle Getute pausbäckiger Windbeutel ertragen?

Wer mag sich noch von dem kohlensauren Vichyvachy kulturindustrieller Kollaborateure berieseln lassen?

Wer mag noch in dem Bockmist der Mistböcke wühlen?

Küchenlatein

Beginnen wir ab ovomaltine.

Primum vivere, deinde Larifari.

Nurmi est Sturmi.

Die unio mystica nährt sich von der unio müslica.

Quod licet Goofy, non licet Doofi.

In dubio pro Leo, wie die drei Chinesen mit dem Kontrabaß zu sagen pflegten.

Wem ein Lapsus cunnilinguae über die Lippen geht, dem sollte man die Fellatio über die Ohren ziehen.

Nihil humani a me alienum putana.

Natura non facit Malthus.

Tage, Monate, Jahre: sese conservare.

Do ut Des, die Tonart des Lebens.

Barba rossa facit philosophum.

Hic Rhodos, hic Malta.

De omnibus dubitandum: bellum omnium contra omnibus: auch am kriegerischen Autobusverkehr ist zu zweifeln.

Cave Caplanem.

Tertium datur – Hintermann gibt.

Cum grano Meta von Salis.

Tres faciunt Collierdevenus.

Sic transit visum mundi.

(Hinweis für Rotstiftbesitzer: alle grammatischen und sonstigen Fehler habe ich mit Extra und mit Gusto so drucken lassen)

Anreden

Verbohrter Bücherwurm!
Aufgeblasener Windbeutel!
Kohlenpottsau!
Du Gnu!
Sie Endlosformulierer!
Mikrophongeile Quasselstrippe!
Promenadendeckhengst!
Angebrannte Breitbandnudel!
Zwerggorilla!
Du Lackaffenschande!
Sie blödes Ozonloch!
Elender Wutschaumschläger!
Ekelhaftes Versaubeuteltier!
Ahle Gewedderzäche!
Muffiges Gesocks!
Renitentes Rentier!
Arschlochkriecher!
Hofschrat!

Steigerungen

Eintagsfliege, Wochenbiene, Monatshummel, Jahreshornisse, Lebensbremse.

Lausblatt, Filzlausblatt, Lausbubenblatt, Filzlausbubenblatt, Filzlausbubenstreichblatt, Filzlausbubenstreichbutterkäseblatt, Blattlaus.

Affen, Laffen, Maulaffen, Haltsmaulaffen.

Nix, Garnix, Nullkommanix, Grautvornix.

Die Hunde bellen, das Auto fährt weiter.
" " " , die Kamele blöken.
" " " , die Karawane wird aufgefressen.
" " " , die Katzen schellen.
" " " , Snoopy hält die Schnauze.

Zwerge sind gutmütig, Gnome dagegen tückisch, Trolle haben etwas Verspieltes, Däumlinge verbergen sich gern in Fäustlingen, und Liliputaner leiden bereits an Größenwahn.

Hegel, Haeckel, Ekel.

Es gibt Marxisten, Marxianer, Marxologen, Murksisten und Marksisten.

Zahm und lahm, kahl und fahl, matt und platt, flau und mau, blöd und schnöd, scheußlich und häuslich, flapsig und tapsig, patzig und kratzig, knurrig und murrig, bullig und schnullig, schlampig und pampig.

Doppelt gemoppelt, dreifach gehoppelt, viermal gestoppelt.

Prima philosophia, Unterprima philosophia, Oberprima philosophia, Ganzprima philosophia, Ultima philosophia.

Ulrich Parvus Enzensberger, Christian Medius Enzensberger, Hans Magnus Enzensberger, Martin Maximus Enzensberger.

Geschichte: das stetig Fortschreitende: das Immergleiche: das ständig schlimmer Werdende.

Literatur – Sekundärliteratur – Tertiärliteratur – Makulatur.

Softy Krüger, Hardy Krüger, Ohm Krüger.

Nachdem die Deutschen zwei Weltkriege verloren hatten, blieb ihnen gar nichts anderes übrig, als wenigstens dreimal Fußballweltmeister zu werden.

Die alten Spielchen

Du schenkst mir soviel, deshalb schenke ich dir soviel.

Zitierst du mich, zitier ich dich.

Wenn Sie meinen Schüler promovieren, promoviere ich Ihren Schüler.

Ich habe die Literatur aber viel genauer studiert als Sie!

Als man ihm sagte, er sei bleich, wurde er erst richtig bleich.

Wir können euch zwanzigmal killen, ihr könnt uns einundzwanzigmal killen, folglich müssen wir weiter aufrüsten.

Jetzt können wir uns beide nur noch neunzehnmal killen, also haben wir entscheidend abgerüstet.

Jedes Jahr log der Finanzminister die Blauen vom Himmel herunter.

Erst hetzt man die Gelehrten gegeneinander auf, und dann behauptet man, sie seien streitsüchtig.

Auf dem Bauche durch die Jauche robbt das Heer nach altem Brauche.

Down to earth: rein in den Dreck.

Ferien

Auf der Autobahn sah ich einen Kleinbus voller Lyriker, und an der Seite prangte die Aufschrift: ‚Dichtungen für den Bausektor'.

Die Straße wurde schlaglochartig schlechter.

Die Kellnerinnen knipsen ihren Charme an.

Die Surfer brettern über die Wellen.

Wenn man verstanden hat, daß der Ober mit dem rätselhaften Ausdruck ‚Hämmenecks' weiter nichts meint als ‚Ham and Eggs', ist die erste Akklimatisationsphase überstanden.

Überall wo man hinkommt, stolpert man über die Konservendosen seiner Vorgänger.

Immer wenn du dir die Haare wäschst, regnet es.

„Es ist doch besser schlechtes Wetter als gar keins" (Prinz August von Gotha).

So schwierig ist die finnische Sprache gar nicht. Daß ‚Grillikioski' nichts anderes heißen kann als Würstchenbude, ist doch auf den ersten Blick ersichtlich.

Der Bodensee, der Südsee Deutschlands.

Wer am Aralsee wohnt, braucht nirgendwo anders Energie zu tanken.

Sie zog sich aus und schlüpfte in ein Bermudadreieck.

Nirwana ist nirgendwo, Banana ist überall.

Ubi bene, ibi Tahiti.

Wer

Wer gegen den Strom schwimmt, kann auch gleich ins Klosett tauchen.

Wer überarbeitet ist, wird ein anderer Mensch.

Wer für die Literaturgeschichte schreibt, kommt nicht hinein.

Wer nichts wird, wird Zwischenwirt.

Wer sich auf einen Standpunkt stellt, tritt auf der Stelle.

Wer den Spieß umdreht, will selber Offizier werden.

Wer sich ausschließlich mit Philosophie beschäftigt, der verblödet.

Wer sich erst interessant machen muß, ist nicht interessant.

Wer einen breiten Hintern hat, der setzt was durch.

Wer nichts ernst nimmt, ist ein Hohlkopf. Wer alles ernst nimmt, ist ein Strohkopf.

Wer Stil und Ideen hat, wird Schriftsteller. Wer Stil hat, aber keine Ideen, wird Journalist. Wer weder Stil noch Ideen hat, wird Germanist.

Wer A sagt, kann auch gleich Halstabletten nehmen.

Wenn

Wenn man jedes Jahr ein Buch veröffentlicht, kann man natürlich keine Zeit zum Denken finden.

Wenn man sich schon dauernd verschreibt, dann wenigstens nicht dem Druckfehlerteufel.

Wenn man verkehrt rum auf dem Pferd sitzt, sollte man zumindest darauf achten, daß es nicht auch noch ein Wildschwein ist.

Wenn mal eine Avantgarde ins Hintertreffen gerät, muß nicht gleich das Ende der Kunst gekommen sein.

Wenn man überall aneckt, geht's noch lange nicht rund.

Wenn die Stacheln groß genug sind, kann man jedes stachlige Lebewesen streicheln.

Wenn Zweifel von Zwei käme, dann könnte die Dialektik Dreifel heißen.

Wenn dir jemand mitteilt, daß er mit seinem Geld gerade so hinkommt, dann will er damit nur sagen: ‚Ich borge dir nichts'.

Wenn schon denn schon, dann wenigstens immerhinque.

Wenn es auch nicht erregend war, so doch ganz hübsch ekelerregend.

Nicht

Nicht jeder modische Furz ist ein Fanfarenstoß des Weltgeists.

Nicht-Ich? Ich nicht!

Nicht umsonst hat der Friseur Fritz Alte den denkwürdigen Satz geprägt, daß jeder nach seinem Fassonschnitt selig werden soll.

Nicht in den toten Flußarmen der Literaturliteratur Schlamm aufwühlen, sondern aus den lebendig sprudelnden Quellen Anregung und Erholung schöpfen.

Nicht alles, was kalt gegessen wird, ist auch heiß gekocht worden.

Nicht jeder Hitzkopf ist ein Feuerkopf.

Nicht jede Nichtigkeit heißt Frau Kaludrigkeit.

Vielleicht

Vielleicht zu sagen, ist viel schwerer, als die vielen Leichtgewichte meinen.

Unter Umständen ist die Forschung nur eine ganz besonders geschickte Art, die Realität zu fälschen.

Die Gesetze der Wahrscheinlichkeit sind vermutlich auch nur wahrscheinlich.

Auf jeder Dschunke sitzt wohl ein Halunke – nur welcher es ist, verschweigt der Chronist.

Die Hölle auf Erden könnte verdammt kalt werden.

Womöglich sind wir die Götter der Delphine.

Die konkrete Utopie des aufrechten Gangs war vielleicht schon der Pinguin.

Je desto

Je dicker das Buch, desto länger die Rezension.

Je früher der Abend, desto häßlicher die Gäste.

Je jäher das Jemine, desto desperater der Desperado.

Je höher die Aspiration, desto tiefer die Depression.

Je giftiger der Zwerg, desto schläfriger Schneewittchen.

Je eher wir den dritten Weltkrieg hinter uns haben, desto besser stehen unsere Chancen, daß wir doch noch einen vierten erleben dürfen.

Je eiserner man am Buchstaben festhält, desto schneller gibt er den Geist auf.

Je dicker der Schädel, desto kleiner das Hirn.

Frühe Korrespondenz

Was beginne ich ohne dich? Nur Briefe.

Es grüßt dich heiß dein Hase – ist das schon eine Phrase?

Hand aufs Herz: woran denkst du, wenn du das Wort Haut hörst?

Laß mich dein Kindlein auf meiner Babywaage wiegen.

Du bringst meine ganze Unordnung durcheinander.

Ich lese in deiner Seele, die mir vertraut ist und rätselhaft, wie in einem Sternenhimmel.

Ich will deine Brüste mit meinen Ohren streicheln.

Ich möchte mich in dich hineinsteigern.

Schnurrdiburr, ich schnurre in dein Burr.

Mein Herz fliegt dir zu, mein Herz fliegt zu dir, mein Herz zu dir fliegt, zu dir fliegt mein Herz – mein Herz, flieg zu mir!

Initialismen

P.H.: seine Werke sind wie aus einem Zuckerguß.

N.M.: der Prophet des Arsches.

H.K.: der Heringbismarck.

D.M.: Gedudelsack.

L.M.: Schreihälschen.

U.H.: das flaue Tantchen.

S.M.: die vulgäre Megäre.

A.B.: Fürze aus dem Beichtstuhl.

K.K.: ich bin ich, und alle anderen sind Phraseure.

J.H.: der Theoriephilister; kein Meisterdenker, nur ein neoscholastischer Schulmeisterdenker; ein marxistischer Christian Wolff; die Trockenmilch der kritischen Denkungsart.

D.: warum muß Verleger D. ausgerechnet die allerdümmsten ZeitungsklecksER für seine Bücher mobilisieren? Schließlich gibt es in Deutschland auch noch gute Journalisten zu kaufen.

Was war der Unterschied zwischen A.W. und J.B.? A.W. war ein gewöhnlicher Scharlatan, und J.B. war ein ungewöhnlicher Scharlatan.

Kollegenschelte

Kollege Icksüppsilon spricht druckreif, aber wie ein sauschlechtes Buch.

Kollege Icksüppsilon ist aus der Geschichte der deutschen Literatur durchaus wegzudenken.

Kollege Icksüppsilon schreibt ab (und zu).

Kollege Icksüppsilon hat gar nichts mitzuteilen, sondern will nur mitreden und mitschreiben.

Der Unterschied zwischen Muhamad Ali und Kollege Icksüppsilon besteht darin, daß Muhamad Ali seinen großen Worten auch große Taten folgen ließ.

Das Verdienst von Kollege Icksüppsilon bestand letztes Jahr darin, die Zahl der überflüssigen Bücher auf dieser Welt um eins vermehrt zu haben.

Von Kollege Icksüppsilons Werken wird bleiben – der durch sie hindurch ging, der Wind.

Kollege Icksüppsilon druckt wie gelogen.

Selbstzitate

Mißbrauchte Begriffe sind nicht mehr unschuldig.

Leg Wörter auf die Goldwaage, um Blech herauszufinden.

Sprich wörtlich mit den Redensarten.

Das Bild fällt aus dem Rahmen; der Phrase ins Wort.

Die Dialektik wäre undialektisch, wenn sie nicht auch undialektisch wäre.

Ohne Unsinn hätte das Leben wenig Sinn.

Die Sonne der Wahrheit scheint oberhalb der wolkigen Sphäre.

Die Welt ist alles, was zu Fall gebracht werden kann.

Fußnoten sind die Schweißperlen des Forscherfleißes.

Der Fortschritt der Wissenschaft ist schneller als die Fortschrittlichkeit der Wissenschaftler.

Wer sich mit Beruhigungspillen begnügt, bleibt ein armer Schlucker.

Seine Feinde schwiegen ihn lebendig. Erst seine Verehrer haben ihn totgeredet.

Der Mensch soll sich durch das Lachen vom Tier unterscheiden? Da lachen ja die Hühner!

Tierquälerei und Menschenquälerei sind zwei Seiten desselben Blattes, auf dem die Geschichte mit Blut geschrieben steht.

Musik gibt nicht das lautmalerische Äußere der Wirklichkeit wieder, sondern trifft das Wesen des Menschen in unnachahmlicher Nachbildung der durch die Welt erregten und durch den Verstand geläuterten Gefühle; sie ist die entdinglichte, unbegriffliche, humanisierte Sprache der Dinge.

Zwerg Nase schleicht verhutzelt umher, geschlagen von der strengen Abstraktheit, gegen die scheinbar kein Kräutlein gewachsen ist. Stupsen muß, doch immanent, die Gans Mimesis.

Metametaphysik

Die einzig erträgliche Sophie ist doch immer noch die Philosophie.

Das Nichtidentische ist einfach nicht zu fassen.

Über das Allgemeine philosophieren ist gar nichts Besonderes.

Nur diffuse Reflexionen erfassen den ganzen Gegenstand.

Als man das Ding an sich endlich gefunden hatte, war es ein krummes Ding.

Ich glaube, daß ich nichts weiß, aber ich weiß, daß ich nichts glaube.

Man braucht den Weisen nichts zu entreißen, denn sie haben schon alles ausgeplaudert.

Ein philosophisches Interview ist ein Widerspruch in sich.

Das einzige Naturgesetz, das wirklich unveränderlich ist: Eltern sind älter als ihre Kinder.

Dopingkontrolle für Denker: Nietzsche nahm Morphium, Sartre Amphetamine, Huxley Mescalin, Benjamin Haschisch. Die Philosophen von heute nehmen Schlafmittel.

Alle philosophischen Tiraden über den Messianismus erledigen sich durch eine wunderhübsche jüdische Geschichte. Ein Bewohner von Chelm kam eines Tages heim und schrie: „Re-

bekka, mein Weib, der Messias kommt. Er ist gesehen worden nur ein paar Stunden von Chelm. Jetzt kommt das Ende der Welt. Und ich hab grad gekauft ein paar Stück Vieh und ein neues Haus". Rebekka antwortete ihm: „Hör mich an, Isaak, sorg dich nicht. Denk an all die schrecklichen Leiden, die das jüdische Volk hat überlebt, die Verfolgungen, die Pogrome, tausend Jahre lang. Ich sag dir was – ich bin überzeugt, wir werden überleben den Messias auch!"

Der Kniff der Philosophen: sie erfinden eine Reihe von neuen Wörtern und Begriffen, untersuchen das Verhältnis dieser Ausdrücke zueinander und behaupten, damit etwas über die Wirklichkeit gesagt zu haben. Dieser Trick funktioniert nun schon über zweieinhalbtausend Jahre, und weil jeder Denker eine eigene Terminologie ausknobelt, kommt sogar der Anschein von Ideenreichtum zustande.

Blochs Ontologie läßt sich in einem Satz zusammenfassen: „Es wird schon alles werden". Desgleichen Adornos Praxistheorie: „Wie man's macht, ist's verkehrt".

Karl Kraus stellte bereits 1933 fest, daß Heidegger „seinen blauen Dunst dem braunen gleichgeschaltet hat" (Dritte Walpurgisnacht). Mehr braucht über Heideggers philosophische Verdienste und über seine Parteinahme für den Nationalsozialismus nicht gesagt zu werden.

Wo die Zu-Ende-Denker zu Ende gedacht haben, fängt's erst an, interessant zu werden.

Philosophie ist die sonderbare Wissenschaft, die immer wieder von vorn anfängt.

Ach Gottchen

Warum hat Gott, falls es ihn gibt, den Teufel, falls es den gibt, nicht einfach abgeschafft?

Wenn man Gott nicht erfunden hätte, müßte er nicht existieren.

‚Gott' ist eine Allegorie, die ihre Wahrheit verliert, sobald man ihre Wahrheit behauptet.

Die Bezeichnung ‚Gott' umschreibt das, was der Mensch nicht kann. Je mehr der Mensch kann, desto hohler wird die Bezeichnung.

Gott ist allmächtig, nur nicht auf der Erde.

Gottes Mühlen mahlen kalten Kaffee.

Theologie ohne Gott? Dann doch lieber Gott ohne Theologie.

Meine Götter: Megas Alexandros, Dietrich von Bern, Till Eulenspiegel, Johann Sebastian Bach, Diderot, Voltaire, Lichtenberg, Chopin, Marx, Nietzsche, Joachim Christian Morgennatz, Karl Garaus, Earl Russell, King Oliver, Arthur Rubinstein, Theodor Fußballtor-Adorno.

Ein fanatischer Gottesleugner ist genau so widerwärtig wie ein fanatischer Gottesanbeter.

Vielleicht ist Gott ein ganz armer Teufel.

Gott, mein Gott, warum hast du uns nicht verlassen?

„Gott ist tot“ (Nietzsche) – „Nietzsche ist tot“ (Gott) – „De mortuis nil nisi bene“ (Pontius Pilatus).

Gott sollte seinen Gegnern Prozente bezahlen, denn durch sie bleibt er im Gespräch.

Was tat Gott vor Erschaffung der Welt? Er saß in einem Birkenwald und schnitzte hölzerne Pseudoargumente für lutherische Theologen.

Warum gibt es soviele Gottesbeweise und sowenige Teufelsbeweise?

Mehrheiten

Fast alle fühlen sich bei ihrer nicht vorhandenen Ehre gepackt.

Die meisten Empörer wollen doch nur Emporkömmlinge werden.

Jeder Mensch, der zu Macht und Ansehen gelangt, sieht sich alsbald von klebrigen Honigschwätzern umringt.

Vier Fünftel aller abgebrochenen Philosophiestudenten landen über kurz oder lang bei der Presse, denn die Gemeinsamkeit zwischen Philosophie und Journalistik besteht in der Anmaßung, über alles Mögliche und Unmögliche ein Urteil abzugeben.

Die große Mehrheit der guten Gedanken tritt zuerst in unwissenschaftlicher Form auf. Wenn sich die trockenen Knäckebrotgelehrten dazu aufraffen, sie ernstzunehmen, sind sie schon zu Gemeinplätzen breitgetreten worden.

Jede Generation lernt die geschichtliche Lektion, daß in früheren Epochen die oberflächlichen Tageshelden das große Wort führten, während die bedeutenden Geister oft verkannt blieben und erst durch die Nachwelt anerkannt wurden. Jede Generation lernt diese Lektion – und vergißt, sie auf sich selbst anzuwenden.

‚Die Inseln des Mittelmeers sind größer oder kleiner als Helgoland' – ein Satz, der nicht viel besagt, aber wahrlich nicht unwahr ist. Die allermeisten Beispielsätze, die man in den

Lehrbüchern der Grammatik, der Logik und der Linguistik findet, haben den gleichen Tiefsinn.

Der Kampf der Armen gegen die Reichen und der Unterprivilegierten gegen die Überprivilegierten wird überlagert vom Haß der Schlechten auf die Guten – ein Haß, der mit jeder Generation naturwüchsig wiedergeboren wird und der die zeitweiligen und begrenzten Erfolge der anderen Kämpfe stets aufs neue zunichte macht.

Alle politischen Fraktionen suchen sich einen Anschein von Fundiertheit zu verschaffen, indem sie Erscheinungen aus Kunst, Literatur, Wissenschaft, Mythos, Religion und Philosophie für sich reklamieren. Da aber Politiker von diesen Dingen nichts verstehen (sonst wären sie ja keine Politiker geworden), kommt dabei regelmäßig Mumpitz heraus.

Ein normaler Mensch ist eine Rarität.

Die einzige Internationale, die jemals funktioniert hat, ist die Kumpanei der Nationalisten.

Fast alle Imbezillen fühlen sich beleidigt, wenn man sie als Imbezillen tituliert. Und nicht nur das: sie werden rachsüchtig und intrigant. Und darum hilft nur eins – man behandle die Imbezillen so, als wären sie enorme Schlauköpfe, und warte darauf, daß ihre bornierten Perorationen im wohltätigen Schlund der Vergessenheit verschwinden.

„Es wird viel geredet, bis der Tag rum ist" (Boris Becker). Quod erat demonstrandum.

Shakespeare Sechsundsechzig

I

Müd' von all' dem, ruf' ich den Tod herbei:
ich seh' Talent in bettelarmer Not,
und blankes Nichts in Jux und Tollerei,
und reinste Treue vom Verrat bedroht,

und reiche Ehre schamlos falsch verschenkt,
und jungfräuliche Tugend roh entehrt,
und meisterliches Können tief gekränkt,
und Kraft in schlaffen Wankelmut verkehrt,

und Kunst entmündigt von der Obrigkeit,
und Sachverstand vom Unsinn kontrolliert,
und Einfachheit beschimpft als Dümmlichkeit —
das Gute, stets vom Schlechten dominiert!

Müd' von all' dem, möcht' ich begraben sein,
ließ' meine Liebe ich nicht hier allein.

II

Dies alles leid, will ich nicht leben mehr:
verdiente Männer steh'n im Bettlerkleid,
und bei den Nullen geht es lustig her,
und wer dir Treue schwört, der bricht den Eid,

und goldner Glanz umgibt das falsche Haupt,
und mädchenhafte Keuschheit wird verhurt,
und Perfektion sieht sich des Lohns beraubt,
und Kraft verkommt zur lahmen Mißgeburt,

und Kunst muß schweigen angesichts der Macht,
und Narrheit dirigiert im Doktorhut,
und schlichte Wahrheitsliebe wird belacht,
und Käpten Bosheit kapert Unrecht Gut.

Dies alles leid, wär' ich schon lange fort,
ließ' meine Liebe ich nicht einsam dort.

III

Wenn ich dies alles seh', dann möcht' ich sterben:
zur Bettelei verdammt ist Tüchtigkeit,
und Nullität darf Glück und Glanz erwerben,
und Treue wird zerstört durch Lügeneid,

und goldnen Lohn empfängt der falsche Mann,
und junge Sittsamkeit wird grob geschändet,
und die Vollkommenheit gerät in Bann,
und Stärke wird durch Schlendrian verschwendet,

und Kunst muß hören auf Behördengimpel,
und Dr. Wahnsinn steuert den Verstand,
und wer die Wahrheit sagt, der gilt als Simpel,
und Teufel heißt der Erde Kommandant.

Wenn ich dies seh', dann möcht' ich fort von hier,
doch hieße Sterben Abschied auch von dir.

IV

Von all' dem müd', bin ich zum Tod bereit:
ich seh' Verdienst entlohnt mit Bettelkram,
und hohles Nichts in Glanz und Lustbarkeit,
und Treue widerrufen ohne Scham,

und Ehrenämter schändlich fehlbesetzt,
und Mädchentugend auf den Strich geschickt,
und echtes Können schnöd zurückgesetzt,
und Kraft durch Unbeständigkeit zerknickt,

und Kunst gegängelt vom Zensurdekret,
und Fähigkeit von Torheit überwacht,
und schlichte Redlichkeit als dumm geschmäht,
und Gutes wehrlos in des Bösen Macht.

Von all' dem müd', wär' ich schon längst im Grab,
hielt' nicht mein Lieb', mein Lieb' mich davon ab.

V

Ich hab' die Schnauze voll und mach' die Fliege:
Verdienst wird abgespeist mit Hungertüchern,
und aufgetakelt tanzt die Nullenriege,
und Treue find't man nur bei Marschall Blüchern,

und Spezis teilen sich die goldnen Ehren,
und junge Mädchen sind schon alte Nutten,
und die Genies verbannt man auf Galeeren,
und an der Spitze sudeln die Kaputten,

und Künstlern wird vom Staat der Mund verboten,
und hochgelehrte Narren ham das Sagen,
und Wahrheitsfreunde gelten als Idioten,
und Meister Böse hält die Welt beim Kragen.

Ich hab' die Schnauze voll und mach' die Mücke,
blieb' nicht mein Liebchen dann allein zurücke.

Summa summarum

Cogito, ergo sum.
Cogito, ergo Husum.
Cogito, ergo Konsum.
Cogito, ergo alter ego sum.
Cogito, ergo Brimborium.
Coito, ergo wumm.
Ogino, ergo Knaus.
Sum, ergo cogito.
Wie ich denke, so bin ich.
Bin ich? Also ich denke doch.
Ich denke, ich denke, also denke ich, ich bin.
Ich denke, weil ich geboren wurde.
Ich denke, weil ich bin.
Ich denke, wie ich bin.
Ich denke, daß ich bin.
Ich denke: „Ich bin". Na also!
Ich denke, weil ich nicht daran denke, daß ich bin.
Ich denke, ich bin nicht Descartes.
Ich denke, also spinn ich.
Ich denke zuviel, deshalb bin ich zuwenig.
Ich denke nicht, so bin ich eben.
Ich denke, und du bist.
Ich denke, ergo Sumpf.
Ich denke, also sprach Zarah Leander.
Ich denke, ich bin kein Sumerer.
Ich kokettiere, also benimm dich.
Ich summe, also bien ich.
Ich liebe, also leb ich.
Ich gehe spazieren, also bin ich.
Ich reise, also bin ich wer.

Ich denke an dich in Sumatra.
Lego, ergo sum.
Non cogito, ergo stumm.
Cogito Ergotherapeut.
Cogito, ergo Sums.
Cogito, ergo a tergo.
Cogito, ergo gaudeamus igitur.
Cogito, ergo Inkognito.
Cogito, ergo Hamsun.
Cogito poquito.
Cogito, ergo non sum.

(Die Hälfte dieser Variationen stammt von mir, die andere Hälfte von verschiedenen Autoren und Volksmündern)

(Und du, Leser, was denkst du, und was bist du?)

Philosophie des Fußballs

Die Bundesliga ist nun mal die Bundesliga.

Ein Fußballspiel besteht aus zwei Halbzeiten.

Der Pokal hat seine eigenen Gesetze, sprich: überhaupt keine.

Der Ball ist rund, und wäre er nicht rund, so wäre er kein Fußball mehr.

Es gibt fünf Möglichkeiten: ein Spiel wird gewonnen, oder es wird verloren, oder es endet unentschieden, oder es wird abgebrochen, oder es wird gar nicht erst angepfiffen.

Die verzeihlichste Spielart des Patriotismus ist der Vereinslokalpatriotismus: „Was der Logik Bertrand Russell, ist im Fußball Hessen Kassel" (Reinhard Umbach).

Ein Fußballspiel dauert neunzig Minuten, und wenn es hoch kommt, so ist es Mühe und Arbeit gewesen.

Eine Schwalbe macht noch keinen Elfmeter.

Hrubesch und Kaltz – Gott erhalt's!

Bayer Leverkusen kann ich nicht verknusen.

Rotweiß Oberhausen, Kackbraun Muffensausen.

Aufgebot 1990. – Tor: Illgi, Aumi. Abwehr: Buchi, Kohli, Berthi, Augi, Reuti, Brehmi. Mittelfeld und Angriff: Häßli,

Litti, Mölli, Milli, Steini, Beini, Riedli, Thoni, Völli, Klinsi, Matthäi am letzten. Teamchef: Becki.

Die Sprache sagt alles: „Der deutsche Fußball hat einen großen Aufschwung erlitten" (Zitat Ende).

Im Fußball zählen die Tore. Im Fußball zählen die Schiedsrichter. Im Fußball zählen die Tore und die Schiedsrichter. Im Fußball zählen die Schiedsrichter die Tore.

Immer wenn man pinkeln geht, fallen die Tore im Fernsehfußball.

Nach dem Spiel ist vor dem Spiel.

Das nächste Spiel ist schwerer als das übernächste.

Es gibt keine leichten Gegner.

Jedes Spiel läuft anders.

Fußball ist ein Spiel für elf Spieler.

Im Fußball und im Märchen ist alles möglich.

In der Bundesliga ist es wie im Leben: es gibt gute Tage, und es gibt schlechte Tage.

Ein Spiel fängt immer bei Nullzunull an.

(Zwei Drittel dieser Äußerungen sind von deutschen Volksphilosophen, das restliche Drittel wurde von mir beigesteuert)

Plagiate

Über Plagiate kann man nur noch in Plagiaten reden – aber auch das ist schon ein Plagiat.

Man warf Beethoven vor, er kopiere Bach, worauf er zur Antwort gab: „Wen denn sonst?“ Eine solche Erwiderung können sich freilich nur Beethovens erlauben.

Plagiieren darf, wer genug Eigenes zuzusetzen hat. Brecht und Bloch waren große Übernehmer, aber auch große Selbstdenker. Wenn ein Scharlatan plagiiert, dann zieht er jede fremde Idee herunter auf seine Niedrigkeit.

Ein feiger Autor plagiiert seine Freunde, ein mutiger seine Feinde.

Wer versteckte Zitate, geistvolle Anspielungen und eigenständige Bearbeitungen als Plagiate verschreit, sollte zur Strafe sechs Bände Plutarch exzerpieren.

Wenn alle klugen Gedanken schon gedacht worden sind, kann man nur noch im Plagiieren kreativ sein.

Zitatoren aus zweiter Hand überführt man dadurch, daß man in jedes Zitat eine kleine Fälschung einschmuggelt.

Am besten ist es immer, wenn man den Volksmund plagiiert, denn der kann nicht prozessieren.

Wenn zwei dieselbe Vorlage plagiieren, kommt es zu einem originellen Streit.

Die raffiniertesten Plagiate sind die präventiven Plagiate.

Wer sich selbst plagiiert, der kann sich abschreiben.

Strenggenommen gibt es gar keine Plagiate, nur Plagiatoren.

Es gibt fünf Arten von Plagiatoren: Elstern, Raben, Kiebitze, Kuckucke und Geier.

Das Plagiat eines Nichtplagiators ist ein Nichtplagiat.

Punktum

Die Metapher überträgt. Den Bazillus der Phantasie auf die sterile Vernunft.

Eine Zensur findet nicht statt. Das ist schon die erste Sprachregelung.

Das Parlament verabschiedete ein Gesetz. Kein Mensch hat es jemals wiedergesehen.

Es gibt immer nur schlechte Aufhebungen. Außer, wenn man Marmelade im Kühlschrank aufhebt.

Die Wissenschaft ist eine schöne Sache. Schade nur, daß sie in die Hände der Wissenschaftler geraten ist.

Den Journalismus soll die Pest holen. Das Problem ist nur, daß der Journalismus schon die Pest ist.

Das Leben geht weiter. Notfalls auch ohne den Menschen.

Die Sterne lügen nicht. Wohl aber die Sternchen.

Ein Schriftsteller sollte engagiert sein. Fragt sich nur noch, von wem.

Die Instandhaltung der Wohnung obliegt dem Vermieter. Das Gegenteil regelt der Mietvertrag.

Der Mensch lebt nicht vom Brot allein. Es kann auch etwas Butter sein.

Reduktionen

Kalte Bauern müssen versauern.

Unter dem Pflaster liegt die Mülldeponie.

Zirkel lösen sich durch Zusammenklappen.

Die Tiefenpsychologen sind unendlich seicht.

Verlorene Paradiese: verlorene Windeier.

Unbefugten Unfug beten: alter Trick der Katecheten.

Alles in den Zeitungen ist übertrieben, mit Ausnahme des Wetterberichts.

Auflösungserscheinungen halten sich selber gerne für Impulsivitäten.

Auch der dritte Weg ist eine Sackgasse.

Das einzig Schöne an den Documenta-Ausstellungen sind die Besucher.

Früchte vom Baum der Erkenntnis? Bei näherem Hinsehen Äpfel vom hohen Roß der Ideologen.

Wir glauben, festen Boden unter den Füßen zu haben, und springen von einer schmelzenden Eisscholle auf die andere.

Chaplins Schuh in ‚Goldrausch' war aus Lakritze.

Er renommierte damit, daß er jetzt in Übersee tätig sein werde. In Wirklichkeit verzog er nur an den Überlinger See.

Der Sprachprunk der Denkercäsaren – nur ein einfaches Gemüt erkennt, daß sie mit ihren Bemäntelungen bloß ihre Blößen bedecken.

Die Sektenstifter halten uns ihre Gesetzestafeln unter die Nase, aber wenn man genauer hinguckt, haben sie nicht den Berg Sinai erklettert, sondern nur ihre eigene Klappleiter, und wenn man ihre Tafeln in die Hand nimmt, dann sind sie aus Kinderschokolade.

Was uns als phantasievolle neue Ideenschöpfung imponiert, ist meist nur eine Entlehnung aus einem Buch, das wir noch nicht kennen.

Man muß zur reformerischen Tradition das gleiche Verhältnis haben wie die chinesischen Bauern zur Großen Mauer: einzelne Steine kann man herausbrechen, um neue Gebäude damit aufzuführen – im übrigen soll man sie besichtigen, bestaunen und links liegen lassen. Und wer diese Bemerkung als Plädoyer für die rechten Ismen mißversteht, den sollte man dazu verurteilen, die ganze Große Mauer zu Fuß abzulaufen.

Wenn man *will*, kann man alles verreißen; wenn man *soll*, kann man alles bejubeln – mehr braucht ein Rezensent nicht zu wissen.

Die Theorie vom genialen Verbrecher ist eine Erfindung unbegabter Polizisten.

Superlative

Der ärgste Simpel ist der Fachsimpel.

Am eifrigsten rufen die nach Selbstverwirklichung, die gar kein Selbst zu verwirklichen haben.

Am schlimmsten hausen die Hinterwäldler in der Stadt.

Die unzuverlässigsten Experten sind diejenigen, die dauernd das Wort ‚seriös' im Munde führen.

Die Erbhöflinge des kritischen Denkens sind seine schlechtesten Vertreter.

Die langweiligsten Werke der Philosophen sind die, die ihnen am wichtigsten sind – ihre dicken Bücher. Am interessantesten sind ihre kleinen Schriften, wo sie en passant, ohne Zeigefinger und ohne Schwurhand, zum Denken verlocken. Wenn sie anfangen, die Welt in aufgedunsene Systeme, Theorien und §-Thesen einzusperren, wird's gähnig und falsch. Alle Lehrsätze sind Leersätze.

Am lautesten stoßen jene Musikkritiker ins Horn, die von Tuten und Blasen keine Ahnung haben.

Nur untertreibende Superlative erzielen Wirkung. Eine alte Geschichte berichtet von mehreren Schneidern, die in derselben Gasse wohnten und sich gegenseitig zu übertrumpfen versuchten. Der erste hängte vor seinen Laden ein Schild mit der Aufschrift: ‚Der beste Schneider der Stadt'. Der zweite, nicht faul, brachte an seinem Geschäft den Reklamespruch an: ‚Der beste Schneider des Landes'. Der dritte schoß vermeintlich den Vogel ab, indem er annoncierte: ‚Der beste Schneider der Welt'. Der vierte schrieb auf die Tür seiner Werkstatt: ‚Der beste Schneider der Straße'. Und der fünfte Schneider erzählte überall herum, daß es in Wirklichkeit nur drei Schneider waren und daß es immer wieder Flickschuster gibt, die alle Geschichten falsch erzählen.

Die zwei folgenreichsten Schüttelreime der deutschen Geistesgeschichte: „Hoch schätzt man Albert Ehrensteinen, / doch seine Verse stören einen". – „Blöd war Troeltsch, noch blöder Sohm, / am blödesten war Söderblom".

Die vier gequältesten Reime auf ‚Mensch': ‚monnaie de singe' (Heine) – ‚Göttingensch' (Keil) – ‚Gottfried-Bennsch' (Rühmkorf) – ‚abendländsch' (Ritz).

Die ausgewogenste Pressenotiz aller Zeitungen stammt von Mark Twain, der von einer amerikanischen Agentur beauftragt worden war, über die zu erwartenden Ernteergebnisse im mittleren Westen zu berichten. Mark Twain zögerte nicht lange und ließ folgendes drucken: „In diesem Jahr wird die Ernte bedeutend besser sein, als man allgemein erwartet. Infolge der Trockenheit wird sie jedoch weit unter dem normalen Ertrag liegen. Die bisherigen Regenfälle garantieren dafür ein überdurchschnittliches Ernteergebnis. In diesem Jahr werden die Farmer also die gleichen guten Einnahmen verzeichnen können wie im Vorjahr. Es darf allerdings nicht verschwiegen werden, daß die diesjährige Ernte als katastrophal bezeichnet werden muß".

Hausordnung

Aus den Fenstern darf nichts geschüttelt, gegossen, geworfen oder gerufen werden.

Kinder unter fünf Jahren sind mit Klebeband oder mit Vorhängeschloß zu sichern.

Es ist nicht gestattet, Tauben und Hunde im Treppenhaus zu füttern.

Das Lärmen auf dem Dache ist verboten.

Zuneigungsbekundungen gegenüber gleichbettigen Schlafpartnern dürfen nur von 23.00 bis 6.00 und unter Unterschreitung der ortspolizeilich festgelegten Dezibelgrenzen durchgeführt werden.

Bei starkem Frost und starker Hitze behält sich der Vermieter vor, das Wasser abzustellen.

Vor dem Haus geparkte Autos dürfen mit nicht mehr als zehn Staubkörnchen pro Quadratmeter bedeckt sein.

Wohnungsfremde Zweitpersonen haben die Räumlichkeiten bis 22 Uhr ohne Türenschlagen zu verlassen.

Entzündliche Wertsachen dürfen nur im Badezimmer gelagert werden.

Es ist nicht erlaubt, schwangere Katzen und widerrechtliche Mitschläfer auf dem Balkon zu beherbergen.

Blumenkästen dürfen nur vor die Fenster gestellt werden, wenn geeignete Vorrichtungen vorhanden sind, um die Geruchsbelästigung in vertretbaren Grenzen zu halten.

Turnübungen am Klavier bedürfen der Genehmigung durch den örtlichen Tierschutzverein.

Wäsche darf an Sonntagen, Feiertagen und Werktagen nicht zum Trocknen ausgehängt werden.

Wochenendfahrer müssen zuhause baden.

Der Hausmüll ist fachgerecht zu zerkleinern und ohne Verschüttungsverluste in die bereitgestellten oder noch fehlenden Tonnen zu entleeren.

Die Schuld am Auftreten und Überhandnehmen von Schmutz und Ungeziefer trifft auch bei anderweitiger Beweislage ausschließlich den Mieter.

Fenster, Zimmer, Balkone, Treppen, Dächer, Wege, Gärten, Bäche und Ströme sind auf Kosten des Mieters von Schnee und Eiskrem zu befreien.

Die Hausordnung ist auch dann Teil des Mietvertrags, wenn gar kein Mietvertrag abgeschlossen worden ist.

Perspektiven

Die Erde ist zwar nicht die beste aller möglichen, wohl aber die beste aller bis jetzt bekannten Welten. Man braucht nur Fotos vom Mond und von unseren Nachbarplaneten gesehen zu haben, und schon weiß man, daß unsere irdische Welt, die pessimistische Philosophen nicht ganz ohne Grund als Hölle bezeichnet haben, im Vergleich zu anderen realen Welten immer noch (immer noch!) ein Paradies ist.

Die Zwerge träumen davon, Riesen zu sein, die Riesen träumen davon, Götter zu sein, und die Götter träumen davon, auch einmal ganz gewöhnliche Menschen zu sein.

Die Frage nach der Realität und der Erkennbarkeit der Außenwelt kommt in einer Gesellschaft auf, in der die Menschen zu vereinzelten, feindlichen, überreflektierten und naturfremden Individuen auseinandergetrieben worden sind. Ich existiere, und alles andere ist erst mal ungewiß – das ist der Ausgangspunkt der modernen Philosophie. ‚Cogito, ergo sum' (Descartes) oder ‚Das Ich setzt das Nicht-Ich' (Fichte) oder ‚Die Welt ist meine Vorstellung' (Schopenhauer) und dergleichen mehr: alle diese Systeme haben, so heftig sie sich gegeneinander abgrenzen, den gleichen subjektiven Denkansatz, der solidarisch handelnden und naturnah lebenden Wesen völlig absurd vorkommen muß. Alle Ichphilosophie ist Isolationsphilosophie, die sich abmüht, das verlorengegangene Gesamtheits- und Naturgefühl durch die Deduktion der ganzen Welt aus dem Kopf zu substituieren.

Das Wahre ist das Ganze, aber das Ganze ist zu lang und wird von niemandem verstanden. Nur Halb-, Viertel-, Achtel-

und Sechzehntelwahrheiten finden Aufnahme.

Die Menschenleute sehen nur einen Ausschnitt der Wirklichkeit, der Erotiker den Ausschnitt eines Frauenkleids, der Zeitungsgläubige den Ausschnitt eines Leitartikels, ehteezeh. Erst wer es schafft, seine eigene Perspektive noch mal in Perspektive zu sehen, hat angefangen, zu denken (und deshalb auch eingesehen, warum vor ‚zu denken' ein Komma steht).

Die Außerirdischen sind über uns, die Außerirdischen sind unter uns, die Außerirdischen sind uns über. Die Rede von den Außerirdischen war bislang die Domäne der Wirrköpfe, der Wichtigtuer, der Bestsellertellerwäscher und der Boulevardheitsfälscher. In dem Moment, wo kein zurechnungsfähiger Mensch mehr an der Existenz extraterrestrischer Lebewesen zweifeln kann, wird die größte Umwälzung in der Geschichte der Menschheit über uns hereinbrechen. Die bloße Tatsache, daß die Außerirdischen zu uns gelangen, beweist schon, daß sie uns technisch und intellektuell überlegen sind. Das unbezweifelbare und massenhafte Auftauchen der Außerirdischen auf unserem Rotationsellipsoid wird zur Folge haben, daß die herkömmlichen anthropozentrischen Konflikte – Links und Rechts, Ost und West, Nord und Süd, die Querelen zwischen den Weltbereichen, Nationen, Stämmen, Klassen, Gruppen, Ideologien, Geschlechtern – zwar nicht verschwinden, aber zu einer sekundären oder tertiären oder minimalen Bedeutung herabrutschen, und geboren wird ein neuer Ismus, der Planetarismus, der alle Erdenbewohner zu einer neuen Solalalidarität zwingt. Was keiner unserer alten Ismen geschafft hat, werden die Außerirdischen vielleicht bewirken: die Einheit der Menschheit – und aufi geht's zu weiteren letzten Gefechten.

Grobianismen

Ich finde Ihr Gedicht zum Vomitieren.

Er stellte mit jedem Wort seine Asinität unter Beweis.

„Das Leben bei Hofe ist doch eine wahre Scheißexistenz" (Goethe, Brief an Merck).

Die größten Arschlöcher furzen am leisesten.

Man wird doch noch eine Nullität eine Nullität nennen dürfen, ohne gleich wegen Majestätsbeleidigung verklagt zu werden.

Wenn der P eine Giftspritze sein soll, dann ist die V eine Lasterhöhle.

Arschkriecher sind notgedrungen glatt und schmierig.

Ohne Treue seid ihr Säue.

Rülps nicht wie ein Hirsch, du Schwein!

Unmusikalische Pseudoavantgarde: kackophonischer Dünnpfiff, Qualm von Nikotinterroristen, Mixtur aus Aufputsch- und Beruhigungsmitteln, Lärmflaschen.

Den schönsten Grobianismus deutscher Zunge sprach eine Münchener Marktfrau zu einem asiatischen Besucher: „Saupreiß, japanischer!"

Abneigungen

Sooft ich vom ‚Wurzelgrund' lese, stolpere ich darüber.

‚Abschalten' – noch in der Freizeit gehört man zum Apparat.

‚Alles in Einklang bringen' kann ganz schön monoton sein.

‚Altlinker': das klingt ja wie ‚Altöl'.

‚Das Leib-Apriori'! Als ich diesen Ausdruck zu Gesicht bekam, dachte ich im ersten Schrecken, daß es sich um ein Hautgeschwür handeln müsse.

‚Interaktionsfolgenrelevante Verbindlichkeiten' – es wird immer schlimmer mit dem Soziologenchinesisch.

‚Ich sage das ohne Vollständigkeitsprätention ... Ich fokussiere mein Thema ... Darin pflichte ich Heidegger bei ... Ich sage das gegen Baudelaire ...' – man höre sich diese Phrasen unserer Vortragsschwätzer an! ‚Ich sage das gegen Baudelaire'!! Baudelaire würde davon gar nichts hören wollen!!!

Als ich las, daß Kunst ‚das Hinausgehaltensein ins Unerträgliche' sein soll, fiel mir die Inschrift in einer Wiener Straßenbahn ein: ‚Nichts hinausragen lassen!'

‚Solliziertwerden'! Soll i zitiert werden?

Wenn ein umstrittener Mann stirbt, dann haben die Journalkanaillen in der Regel die folgende Redewendung zur Hand: letztlich sei er ‚gescheitert'. So beruhigen sich die schlaffen

Mediokritäten darüber, daß da mal einer etwas anderes gewollt hat und scheinbar doch auf ihre platte Ebene gestürzt ist. Der Begriff des Scheiterns erhielt seine Prominenz ursprünglich durch die Philosophie, was die Tisch-, Wand- und Zeitungsschmierer meist gar nicht wissen. Mit der ZEIT sinken alle philosophischen Kategorien zu Pressephrasen herab.

‚Die Furcht ausrotten'? Allein mit dem Wort ‚ausrotten' schafft man neue Furcht.

Das hat noch gefehlt: ‚die Wagnersche Benibelung', ‚die dumme Pütia', ‚von Monte bis Verdi', ‚die asoziale Marktwirtschaft', ‚umzingelt von Singles', ‚in Saus und Graus', ‚Schau, da rennt ein unbehoster Eremit durchs Nonnenkloster', ‚Wir entwinden dir den Jungfernkranz', ‚der läutselige Glöckner', ‚der dreibeinige Gott', ‚Polpotpourri', ‚Geschäftlhuber', ‚ein Audi kat exochen', ‚das Daß und das Was', ‚das Eiapopeia von der Aletheia', ‚das triste Triest', ‚die Diosroßkuren', ‚das saure Gegurke', ‚mixed pickles in der Fresse', ‚unter ferner Kalifen' und vieles andere mehr.

Anything Goes, nur nicht Albrecht Goes.

Feinheiten

Grober Unfug ist vonnöten, sofern er zu subtilem Unsinn führt.

Er sagte nie ‚die Vernunft‘, immer nur ‚Vernunft‘. Dafür sagte er nie ‚Hegel‘, immer nur ‚der Hegel‘.

Das Wort ‚Befriedigung‘ hat solange einen schnöden Klang, wie man nicht das Wort ‚Friede‘ aus ihm heraushört.

Wer den Unterschied zwischen den Adjektiven ‚wolfisch‘ und ‚wölfisch‘ zu erklären weiß, ist in die tiefsten Geheimnisse der deutschen Sprache eingedrungen.

Spitzfindigkeit führt zur Spitze.

Hand in Hand mit der Phrasenkritik geht die Rehabilitierung bestimmter Ausdrücke, die von früheren Sprachkritikern – teilweise zu Recht – abgelehnt wurden. Zum Beispiel ‚überwinden‘: das war einmal eine verschlissene Wendung, die sich heute wieder, nach meinem Sprachdenkgefühl, in ein verwendbares Verb verwandelt hat. Kein index verborum prohibitorum ist zeitlos gültig. Wer immer zuerst auf eine Fahndungsliste schaut, ist kein Sprachkritiker, sondern nur ein Sprachpolizist.

Man soll keine Witze mit Interpunktionen machen. Das Wort Familienbande, doppelsinnig verstanden, ist eine passable Pointe, aber wenn man mit einem Strich das Wort spaltet, um noch dem letzten Blödian das Wortspiel namens Familien-Bande unter die verstopfte Nase zu reiben, dann verliert der Witz seinen Witz. Ähnlich steht es mit Punktwitzen und Pünktchenwitzen. Wer die Grimmbrüder die Gebrüder Grimm nennt, der hat einen ganz feinen Witz gemacht und zugleich eine sprachliche Unschuld wiederhergestellt (Goethe, Hegel, Schopenhauer, Nietzsche und Heine sprachen völlig unbefangen von den Gebrüdern Schlegel, den Gebrüdern Humboldt und den Gebrüdern Grimm). Schreibt man hingegen: die Gebr. Grimm, so ist das ein Unwitz. Und wer ein Arschloch im Druck als A... erscheinen läßt, der ist ein Armleuchter. Witze macht man mit Worten und nicht mit Zeichen. Ausgenommen die Ausnahmen.

An nichts haben die kulturellen Zaungastkönige mehr Freude, als wenn sie einem kritischen Autor nachzuweisen versuchen, daß er seinen eigenen Maßstäben nicht genüge. So werfen sie einem Plagiatorenkritiker stets vor, daß er selbst irgendwo abgekupfert habe, und einem Sprachkritiker halten sie mit häßlicher Regelmäßigkeit angebliche Sprachschnitzer vor. Mit Denken und Urteilskraft haben solche Dinge und Verhaltensweisen nicht das geringste zu tun, vielmehr handelt es sich lediglich um Neuauflagen emotionaler Behauptungskämpfe: anderen ein Bein stellen, sie vor der eigenen Nase kehren lassen, sie vom hohen Roß holen wollen, und so weiter fließt der Eiter.

Wo das Publikum bei einem Denker oder Schriftsteller Widersprüche zu entdecken glaubt, handelt es sich meist nur um Differenzierungen ein und desselben Gedankens.

Beim Schreiben

Der erste Einfall ist gewöhnlich der beste – aber das weiß man erst, nachdem man alle anderen Möglichkeiten durchprobiert hat.

Ohne den Glauben, daß gerade sein nächstes Buch sein bestes wird, kann ein Autor nichts Gescheites fertigbringen.

Auf einen, der Literatur macht, kommen hundert, die darüber schwätzen und ihn bei der Arbeit stören und ihn mit subalternen Erwartungen enervieren. Die einzige Leistung des Publikums und der Zeitungsentenrezensenten besteht darin, den Schriftsteller in seiner Entwicklung zu behindern.

Die Schriftstellerei ist zuallererst ein Handwerk, nämlich die Kunst des Satzbaus, und wer sich darin nicht auskennt, der kann so viel prätendieren, wie er will – er wird sich in seinen eigenen Worten festrennen.

„Le style, c'est l'omelette“ (Buffet).

Die schwierigste Lektion für einen Schriftsteller ist die, daß die Leute nur eine begrenzte Zeit bereit sind, ihm Gehör zu schenken.

Wer alles sagen will, erreicht niemanden.

Gewollte Brillanz ergibt nur Brillantine.

Schriftsteller sind bekanntlich Menschen, denen das Schreiben schwer fällt. Nur – bei den schlechten merkt man es.

Halte dir stets Voltaires Maxime gegenwärtig: „Man schreibt nur dann gut, wenn man Freude an dem selbstgewählten Gegenstand hat".

Die große Anziehungskraft der Literatur: sie bringt jedes Mal eine neue Sprache hervor, jenseits der verbrauchten und korrumpierten Ausdrucksweise der Ismen und Logien.

Die seriösen Menschen werden wohl nie begreifen, wieviel ernste Anstrengung nötig ist, um komisch zu schreiben.

Wer schreibt, der bleibt unverstanden.

Was es alles gibt

Es gibt zwei Arten von Besserwissern: solche, die es wirklich besser wissen, und solche, die nur so tun.

Es gibt absolut nichts Absolutes, aber relativ viel Relatives.

Es gibt Linke, die nur deswegen links stehen, weil sie geistig unbeweglich sind.

Es gibt Münchhäuser, die sich selbst mit Dreck bewerfen, um mit Haut und Haarzopf in einem Sumpf versinken zu können.

Es gibt Menschen, die kein Fettnäpfchen auslassen können und in Ermangelung eines solchen in jeden Spucknapf hineinsabbern.

Es gibt nur eine einzige sinnvolle Aufgabe der Literaturwissenschaft: sie soll die lesenswerten Primärtexte ordentlich edieren und ansonsten die Tinte halten.

Es gibt keine noch so niedrige Gaunerei, für die sich nicht ein Jurist findet, der ihr mit wohlgesetzten Worten den Schein einer Berechtigung verschafft.

Es gibt keine großen Komponisten mehr, weil die Welt zu häßlich und lärmig geworden ist, und wo sie noch ruhig und schön erscheint, gibt es keine große musikalische Tradition.

Es gibt nichts Neues unter der Sonne, wohl aber über der Sonne.

Es gibt kein Buch ohne Dreckfühler und Konrektoren.

Es gibt vier Erscheinungsformen der Postmoderne: die Hauptpostmoderne, die Bahnhofspostmoderne, die Feldpostmoderne und die Flaschenpostmoderne.

Es gibt mehrere Alternativen zum Bürger – den Aristokraten, den Bauern, den Arbeiter, den Revolutionär, den Künstler, den Aussteiger, den Clown, den Clochard, und wenn man alle diese Alternativen einmal kennengelernt und ausprobiert hat, dann weiß man, daß das Bürgertum zwar nicht das Gelbe vom Ei, aber auch nicht das Weiße vom Ei, sondern die kalkige Schale ist, die das Geschlotter zusammenhält. Aus dieser Formulierung können verschiedene Thesen herausgelesen werden, die von vornherein alle falsch sind.

Neuerscheinungen

Hoimar von Ditfurth, Von der Amöbe bis Gert Fröbe, Zerstreute Aufsätze über die Evolution des Lebens, 450 S., 39,80 DM, Naturfreunde-Verlag. Der Autor war Professor an der Fernsehuniversität Hagenbeck.

Alice Wunderland, Amor Vati, Liebeserklärung an das Patriarchat, 180 S., 4,80 DM, Schlau-Frau-Verlag. Die Autorin war Leiterin einer Möwenschutzwarte an einem Meerbusen.

Paul Feyerabend, Wider den Weinzwang, 320 S., 28,– DM, Lacrimae-Christi-Verlag. Der Autor war Chefkoch in Teufels Küche.

Gottfried Wilhelm Leibniz, Die Trichomonade, Kleine Schriften zur Metaphysik der Geschlechtsliebe, Mit einem Kommentar von Mathias Gali, 170 S., 6,80 DM, Scherzkeks-Verlag. Mathias Gali war Privatdozent am Eroscenter in Frankfurt.

Claude Levi-Strauss, Der Name der Hose, Studien zur Ethnologie des Beinkleids, Mit einem Essay über die Semiotik der Bügelfalte von Umberto Eco, 500 S., 48,– DM, Knickerbocker-Verlag. Umberto Eco war Zeichenlehrer in Italien.

Arius Plagi, Diebstahl ist Eigentum, Gesammelte Beiträge zur Geschichte des Publikationswesens, 3 Bände, 2400 S., 298,– DM, Raubritter-Verlag. Der Autor ist reihum bei allen deutschen Verlagen aktiv.

Gorgon Zola, Bocuse!, Auserlesene Freßkritiken, 130 S.,

20,– DM, Dreifuß-Verlag. Der Autor war Vorkoster bei Wolfram Zwieback.

Peter Handkerchief, Soll ich wirklich meine edle Nase in diese Frau stecken?, Tagebücher und Nächtebücher, 900 S., 88,– DM, Goldmund-Verlag. Der Autor war Teilhaber einer Mozartkugellagerfabrik in Salzburg.

Johann Wolfgang Goethe, Wilhelm Meisters Eisenbahnreisen, Aus dem Nachlaß herausgegeben von Fritz Rabatz, 18 S., 120,– DM, Fäustchen-Verlag. Über den Herausgeber braucht weiter nichts gesagt zu werden.

Hero Stratos, Am Anfang war das Feuer, Memoiren, 430 S., 58,– DM, Verlag der Fackel. Der Autor war Tempelritter bei Ephesus und Kubille.

Der Mamalagi, Die Reden des Nordseehäuptlings Adihiti, Aufgezeichnet von Konrad Kabeljau, 120 S., 11,80 DM, Blüten-Verlag. Konrad Kabeljau wirkte als Lehrbeauftragter für Kalligraphie und Tagebuchforschung an der Deutschen Journalistenschule in Hamburg.

Für den bloßen Fachmann ist bezeichnend, daß er ein Genie nicht von einem Dilettanten unterscheiden kann – beide wirken auf ihn gleich fremd und unseriös.

Nur der Blick von außen schafft die wirkliche Überwindung einer Theorie. Die immanente Kritik ist ein Rundlauf im Bannkreis des Pseudoproblems.

Die Geilheit ist das Vorrecht der Jugend. Später, wenn man in das Alter kommt, wo man nicht einmal von der Heilsarmee geküßt wird, gerät man in Versuchung, das ganze Häschengerammel ein bißchen hektisch zu finden.

Das Charakteristische an Tragödien ist, daß hinterher keiner daran schuld gewesen sein will.

Autobiographien von Künstlern werden in dem Moment langweilig, wo die Künstler Reputation erlangen.

Im Wachsein hat sich der Mensch der ständig andrängenden Außenwelt zu erwehren; im Schlaf erhält seine Seele das Recht, sich auf sich selbst zu besinnen, sich von ihren erzwungenen Reaktionen zu erholen und die Eindrücke der Realität spielerisch zu verarbeiten. Inhumane Gesellschaften reißen das Individuum aus dem Schlaf – humane lassen es träumen und ausschlafen, ohne ihm auf den Wecker zu gehen.

Die Musik lügt nicht, deshalb ist es eine Erholung und eine Notwendigkeit, sich von den Unwahrheiten der Dichter, der Philosophen, der Ideologen und der Wissenschaftler zeitweilig in die Welt der Töne zurückzuziehen. Die Musik schummelt zwar auch ein bißchen, aber auf eine so unschuldige Weise, daß man nicht lange auf sie pfeifen kann.

Das 18. Jahrhundert hat an die Wissenschaft herangeführt, das 19. an sie geglaubt, das 20. an ihr gezweifelt; das 21. wird sie vermutlich abschaffen.

Die höchste und letzte Stufe des Fetischismus: das Produkt entledigt sich des Produzenten, die Computer und die Raketen kommen zu dem Ergebnis, daß der Mensch eigentlich überflüssig ist.

Politische Morde, welche die Polizei nicht aufklären kann, sind von der Polizei begangen oder gedeckt worden.

Von Gleichaltrigen darf man niemals Anerkennung und Verständnis erwarten, hier sind immer Rivalität und Betriebsblindheit mit im Spiel. ‚Was will der können, was ich nicht kann, was nimmt der für sich in Anspruch, was ich nicht bekomme?' – die alte Leierleierleier.

Ein Klimatologe, der Orkane als normal bezeichnet, riskiert einen Sturm der Entrüstung.

Die Klage über die Halbbildung ist das Gaudium der Anderthalbgebildeten.

Die Werke des Genies erkennt man daran, daß sie frisch sind wie am ersten Tag, auch wenn Jahrhunderte seither vergangen sind. Man braucht nur ein paar Seiten von Diderot zu lesen, schon spürt man diese Frische.

Qualunquismen

Mein Sohn heißt Waldi. Es war bei Aldi.

Der Plebs trinkt Schweppes.

Persilschein bleibt Persilschein.

Nichts ist so ervolkreich wie der Ervolk.

Berührt, verführt.

Einer nackten Frau kann man keine Tasche verkaufen.

Insulaner bleibt kaner.

Was nicht allzu teuer ist, das können wir erlösen.

A.H. am 16. Juni 1941: ,,Das Beispiel Napoleons wiederholt sich nicht". Es wiederholte sich doch, und zwar noch viel schlimmer. Aufschlußreich das Pseudopräsens in dem Qualunquismus von A.H.: in Wirklichkeit dachte er ‚Das Beispiel Napoleons *darf* sich nicht wiederholen' oder ‚... *soll* sich nicht wiederholen', und um sprachhypnotisch diesen Wunsch in praktische Gegenwart zu verwandeln, verwendete er das Präsens. Ähnlich die Syntaxtricks der stalinistischen Funktionäre: ,,Unser System der sozialistischen Demokratie ist durch nichts zu ersetzen" (Altes ‚Neues Deutschland', Mitte der 80er Jahre). Man braucht nur in alle Thesen der Ideologen ein Modalverb einzusetzen, und schon platzen die Sprachballons.

Leute

Lernen tut man nur von Leuten, die einen nicht belehren wollen.

Die meisten Leute reden nur, weil sie zu faul zum Lesen sind.

Ein Scharlatan ist nur deswegen ein Scharlatan, weil es Leute gibt, die auf ihn hereinfallen.

Eine gute Sache, in die sich viele schlechte Leute hineinhängen, verkehrt sich in eine schlechte Sache.

Ein Leut allein bleibt meistens harmlos; ein Haufen Leute richtet meistens Unheil an.

Leute gibt's, die ständig beim Spazierengehen einen Hut aufhaben, weil ihnen schon mal ein Vogel auf die Frisur geschissen hat.

Die Leute geben nicht eher Ruhe, als bis sie alles Geniale, vor dem sie sich klein fühlen müßten, heruntergemacht haben.

Man soll nicht auf die Ratschläge anderer Leute hören, schon gar nicht auf diesen.

Warnungen

Wer Kolumbuseier zustande bringen will, muß Gewalt anwenden.

Die Unterdrückten der Gegenwart sind die Unterdrücker der Zukunft.

Wir sägen an dem Ast, auf dem wir leben. Erst sterben die Bäume, dann die Tiere, dann die Menschen.

Um zu ahnen, daß hochkomplizierte Gesellschaften einfach so zusammenbrechen können, braucht man nicht Soziologie studiert zu haben; es genügt, wenn man einige historische Ruinen gesehen hat.

Die entscheidenden Fehler werden immer am Anfang gemacht, und dann glaubt man, nicht mehr zurück zu können.

Es geht uns so gut, daß wir nicht merken, wie schlecht es uns geht.

Gegenüber Ignoranten gibt es nur ein Mittel: man muß sie ignorieren.

Das akademische Kleinschrifttum verdient nur eine einzige Reaktionsweise – man darf keinem Forscher etwas glauben, sondern muß alles selbst überprüfen.

Man soll nicht aus einem Einfall ein ganzes System machen. Die Zwölftontechnik war ein hübscher Witz und hätte sich ausgezeichnet zur Herstellung eines neuen musikalischen

Spaßes geeignet, aber statt diese Pointe ein einziges Mal auszuprobieren und dann die Finger davon zu lassen, nahm man die Idee todernst, stülpte eine Theorie drüber, und es resultierte eine entsetzliche Mischung aus Hilflosigkeit und Pedanterie, eine tote Ohrgeburt, eine zwanghafte Zählerei. Der Einfall verkam zum Zweifelsfall, der Dodekanon zu einer eintönigen Zwölfapostellitanei. Wer a sagt, muß nicht gleich h, c, d, e, ff hinterher sagen.

Wer einen Begriff für die Sache selbst hält, ist schon ein Dogmatiker.

Idealismus ist etwas für Leute unter dreißig.

Nettigkeit ist das erste Symptom der Korruptheit.

Gegen Frankfurter Beamte kann man nur Bürrossiege erringen.

Die intellektuellen Gewinner sind die psychologischen Verlierer.

Man bezahlt für jeden Erfolg dadurch, daß man zum Sklaven seines Erfolgs wird.

Alle Dinge ereignen sich zweimal: das erste Mal als Farce, das zweite Mal als Tragödie.

Die Menschen können es nicht ertragen, einen Mitmenschen auf Dauer zu respektieren und zu bewundern. Bei jedem, der sich einen Namen gemacht hat, warten sie still und geduldig darauf, daß er Schwächen zeigt, und im Augenblick seines

Sturzes sind sie mutig genug, um ihn hämisch zu verunglimpfen. Achtung und Verachtung schlagen blitzschnell ineinander um. Erst wenn man Höhen und Tiefen durchwandert hat, lernt man die Miesmuschelmenschen kennen und erfährt, daß man sich auf niemanden verlassen kann – nur auf sich selbst. Heute hui, morgen pfui, übermorgen Ratatui.

Vorsicht vor den jungen Politikern! Sie sind noch ehrgeizig und voller Tatendrang. Alte Staatsmänner zetteln in der Regel keine Kriege mehr an.

Hinter den Drahtziehern stehen die Stacheldrahtzieher.

Alles wird einmal zur Phrase. Jede Ketzerei endet eines Tages als Orthodoxie, jede Revolution wird letztendlich reaktionär, jede Provokation provoziert zum Schluß nur noch Langeweile.

Alle Positivitäten, die man beschwört, verwandeln sich in Negativitäten. Man darf das Glück nicht beschreien und das Gute nicht beim Namen nennen – kein Bilderbuchverbot, nur ein Wortmeidungsgebot.

Positives

Das Schöne an Deutschland ist, daß es da nicht so viele Moskitos gibt.

Der Vorteil der Läuse ist, daß sie kein Ungeziefer am Hals haben.

Das Angenehme am Gefängnis ist, daß man ein Dach über dem Kopf hat.

Das Gute an der Hölle ist, daß man dort nicht allein ist.

Das Privileg des Schriftstellerberufs ist, daß man sozial absteigen kann und doch Schriftsteller bleibt.

Der Vorzug der Kastrierten ist, daß sie unverführbar sind.

Die Kirchenmaus braucht zumindest keine Angst vor der Katze zu haben.

Wenn man zwischen allen Stühlen sitzt, kann man wenigstens nicht mehr tiefer fallen.

Wer jetzt stirbt, braucht keinen teuren Atombunker zu kaufen.

Wenn man eine Weile ins Abseits gerät, dann hat das den Vorteil, daß die Eitelkeit eines Nachgeborenen befriedigt werden kann, der sich stolz rühmen darf, einen verschollenen Autor wiederentdeckt zu haben.

Wo aber Gefahr ist, wächst der Rettich auch.

The seven pills of wisdom

Es gibt nur Mißverständnisse, doch hat man die Wahl, das Mißverständnis produktiv zu machen.

Laß das Leben nicht an dir vorbeirauschen, sondern rausche selbst am Leben vorbei.

Das Glück gehört dem Flüchtigen.

Die Liebe verzieht alles; der hübscheste aller Satzfehler.

Wer das Maul aufreißt, fällt auf die Schnauze.

Die Schweine bleiben im Hintergrund, die Esel agieren im Vordergrund.

Der Sinn des Lebens: die Kunst des Schwebens, die Tempel Thebens, tu nix vergebens.

Kopfrechnen

Siebenfünfdrei begann die Schweinerei.

Dreidreidrei, da isses einerlei.

Nullachtfuffzehn will immer in den Puff gehn.

Nullnullsieben wär besser unterblieben.

1989: ein gelungenes Zweihundertjahresjubiläum, eine progressive Konterrevolution gegen den reaktionären Spätkommunismus. 1990ff: der Preis für die Freiheit – die Rekapitalisierung aller gesellschaftlichen Beziehungen.

Aquadrat plus Bquadrat ist Planquadrat.

Adam Riese plus Eva Zwerg gleicht Gisela Elsner.

Till

Eulenspiegel ist ein Eigenbrötler ohne eigenes Brot, ein armer Ritter von der lustigen Gestalt, ein prätheoretischer Skeptiker, ein nachsokratischer Sokrates, eine vertrackte, rätselhafte Figur, die bis heute zahlreiche Interpreten in Atem hält. Seine List der Unvernunft ist aktueller denn je, aber es ist unverändert schwierig, aus diesem durchtriebenen Menschen, der sich dauernd dumm stellt, schlau zu werden. Die bunte Flickenjoppe seines Charakters ist aus rebellischen und konformistischen Elementen zusammengesetzt, mit Farben, die ineinander verschwimmen. Wo er konformistisch erscheint, erweist er sich als rebellisch, denn er führt die Befehle seiner Vorgesetzten aus und ad absurdum. Wo er rebellisch erscheint, erweist er sich als konformistisch, denn er lehnt sich nur gegen die jeweiligen Befehlshaber auf und nicht gegen das Hierarchieprinzip, das die Welt durchdringt. Er ist zur gleichen Zeit aufmüpfig und eskapistisch. Manche Eulenspiegelianer heben die rebellischen Züge hervor, manche Eulenspiegelisten die konformistischen. Die widersprüchliche Einheit wird aufgespalten, die beiden Hälften wirken nun jeweils eindeutig und verständlich. Beide Seiten lassen sich umso weniger trennen, als der Sozialhumor prinzipiell doppelschlächtig ist: er kann die Konflikte sowohl verschärfen als auch verharmlosen. Närrischer Witz spitzt den kritischen Stachel so zu, daß er unter Umständen abbricht und in den Dreck fällt. Gleichwohl kommt man nicht ohne Eulenspieglein an der Wand aus, wenn man versuchen will, die bestialische Verbiesterung, welche die gesellschaftliche Szenerie weithin beherrscht, aus ihrem sturen und einfallslosen Ernst herauszukitzeln. Verknüpft man Denken und Handeln mit befreiendem Lachen, dann hat man Eulenspiegels Prinzipiensteckenpferdreiterei begriffen und ist, von ihm ausgehend, über ihn hinausgesprengt. Der Volksmund, dem Eulenspiegel unentwegt aufs Maul schaut, sagt mit einem Lächeln im Mundwinkel: „Wer zuletzt lacht, krümmt sich beizeiten". Die Wissenschaftler haben von Eulenspiegel kaum etwas kapiert, denn sie verfügen in der Regel nicht über die Gabe der mimetischen Anähnelung, sondern beschränken sich darauf, ihre angelernten Theorieschablonen und ihre zusammengelesenen Wissenslücken auf den Schalksnarren zu klatschen, der jedoch diesen Häschereien glatt entschlüpft. Nur die Schriftsteller und die Philosophen haben das richtige Verständnis für ihn, denn jeder große Philosoph und jeder große Schriftsteller muß auch ein kleiner Eulenspiegel sein. Was Arthur Schopenhauer (Die Welt als Wille und Vorstellung, Bd. 1, Wiesbaden 1949, S. 353), Peter Sloterdijk (Kritik der zynischen Vernunft, Bd. 1, Ffm 1983, S. 272f) und Wilhelm Reich (ich finde die Stelle im Moment nicht) über Eulenspiegel sagten, übertrifft an Einsicht und Wahlverwandtschaft das meiste, was fachleutige Eulenspiegelogen von sich gegeben haben. Schon Lichtenberg spürte das gedankliche Potential dieses Spaßmacherhelden, als er in seinen Sudelbüchern notierte: „Den Eulenspiegel zu einem Erfinder einer großen Sache zu machen" (Schriften in vier Bänden, Bd. 1, 2. Aufl., München 1973, S. 521) und in seinen Aufsätzen so manches Mal auf Eulenspiegel zurückkam (Bd. 3, München 1972, S. 554f, 566, 858). Hegel fühlte sich in seiner Darstellung der Philosophiegeschichte an eulenspiegelhafte Witze erinnert (Werke in zwanzig Bänden, Bd. 18, Ffm 1971, S. 534) und sah in Eulenspiegel das deutsche Selbstbewußtsein verkörpert, welches das Ding an sich, vorwärts und rückwärts blickend, durch die Perplexität einer konvexen Anschauung mehr schalkhaft als wissenschaftlich verauktioniert (Hegel in Berichten seiner Zeitgenossen, Hamburg 1970, S. 416). Heine nannte Eulenspiegel „das personifizierte Gelächter, in der derben Figur eines deutschen Handwerksburschen“ (Sämtliche Schriften in zwölf Bänden, Bd. 11, München 1976, S. 391), rühmte dem Eulenspiegelvolksbuch nach, es sei „voll tückischer guter Laune und unflätigem Spaß“ (Bd. 6, S. 864), sagte von sich selbst, er sei auch „ein bißchen Eulenspiegeliger Natur“ (Bd. 3, S. 464), und streifte in mehreren Gedankenanklängen seinen „Vetter“ Eulenspiegel (Bd. 1, S. 575; Bd. 3, S. 160; Bd. 9, S. 492; Briefe, Bd. 3, Mainz 1952, S. 180). Zu bedauern ist, daß Heine seinen Plan, einen Eulenspiegel zu dichten, nicht verwirklicht hat (Schriften, Bd. 12, S. 107; Begegnungen mit Heine, Hamburg 1973, Bd. 2, S. 222), ebenso wie es schade ist, daß Brecht von seinem Vorhaben, aus dem Eulenspiegel ein Volksstück und einen Film zu machen (Briefe, Ffm 1981, Bd. 1, S. 603 und Bd. 2, S. 1088; Arbeitsjournal, Bd. 2, Ffm 1974, S. 511), nur ein paar Notate und Skizzen realisiert hat. Die ausgeführten deutschen Literarisierungen dieses Stoffs taugen allesamt nichts. Aber vielleicht ist das auch ganz gut so, vielleicht muß die Eulenspiegelfigur, um ihre anregende Kraft zu behalten, stets im vorliterarischen Alltagsleben und im unflätigen Spaßbereich beheimatet bleiben, in einer unbeschwerten Atmosphäre, wo man herzlos lachen kann, wo sich die zivilisatorischen Zwänge für eine Weile aufheben und wo man als Erwachsener sekundenlang Kind sein darf. Nur weil Eulenspiegel vorphilosophisch und vorliterarisch ist, kann er die deutsche Philosophie und Literatur als komische Inspirationsfigur begeistern. Was Chaplin den Angelsachsen und Asterix den Franzosen, ist Eulenspiegel für die Deutschen: die ewig junge, ewig kindliche, ewig lustige Erholung vom lästigen Ernst des toten Lebens.

Spielregeln der Wissenschaft

Der Professer weiß es besser.

Die Publikationen eines Dozenten sind so gut wie die Seminarreferate seiner Studenten.

Die Nachweise zu einem Zitat brauchen nicht unbedingt zu stimmen; ihr wissenschaftlicher Charakter ist schon dadurch erwiesen, daß sie in einer Anmerkung untergebracht sind.

Ein wissenschaftliches Buch enthält eine Bibliographie, die aus anderen Bibliographien zusammengestellt wurde, die wiederum auf den Bibliographien von Leuten beruhen, die tatsächlich noch Bücher gelesen haben sollen.

Die Bereitschaft, Fehler zuzugeben, verhält sich umgekehrt proportional zum Aufstieg innerhalb der Universitätshierarchie.

Ein Denkschema wird so lange auf den Gegenstand projiziert, bis der Gegenstand klein beigibt und das Denkschema als seine Grundstruktur akzeptiert.

Eine Fiktion, die von drei Personen aus dem akademischen Freundeskreis zustimmend referiert wird, gilt als gesichertes Forschungsergebnis.

Eine wissenschaftliche Disziplin braucht nicht notwendigerweise einen klar abgegrenzten Gegenstandsbereich zu haben – es ist völlig ausreichend, daß sie Teil einer universitären Prüfungsordnung ist.

Ein Forschungsgebiet ist dann konstituiert, wenn zwanzig neue Termini für allgemein bekannte Tatsachen geprägt worden sind.

Ein Wissenschaftler, der viele Ideen zu einem Thema produziert, macht sich der Begabtheit verdächtig. Zur Beruhigung der Fachkollegen ist es daher vorteilhafter, wenn man eine einzige Idee in jedes beliebige Thema hineinträgt.

Für jede wissenschaftliche These, die von einem Experten vertreten wird, läßt sich ein anderer Experte auftreiben, der genau das Gegenteil behauptet.

Der Ehrgeiz der Wissenschaftler ist befriedigt, wenn sie ihre Objekte unter einem sekundärliterarischen Bücherberg begraben und gänzlich unsichtbar gemacht haben.

Am wenigsten verstehen jene Wissenschaftler von der Sache, die am lautesten auf Sachlichkeit pochen.

Die Kunst des wissenschaftlichen Diskussionsbeitrags besteht darin, zu einer hanebüchenen Hypothese ein intelligentes Gesicht zu machen.

Ein Spezi, der auf einer Berufungsliste erscheint, gilt damit automatisch als anerkannter Spezialist.

Ein vor Jahren gehaltener Vortrag wirkt taufrisch und neu, wenn man am Anfang und am Ende je einen Satz hinzufügt und seinen Tonfall so dosiert, daß die Zuhörer gleich nach dem ersten Satz einschlafen und erst beim letzten Satz wieder aufwachen.

Das Gros der akademischen Dozentenschaft, das sich selbst mit der Wissenschaft verwechselt, ist das Haupthindernis des intellektuellen Fortschritts. Die meisten modernen Genies (Descartes, Schopenhauer, Feuerbach, Marx, Nietzsche, Freud, Benjamin und viele andere) wurden zunächst von nullitären Universitätsleuchtern boykottiert und bekrittelt, bis ihre Bedeutung von außerakademischen Connaisseurs erkannt wurde. Das entscheidende Wort über die akademische Deformation der Wissenschaft hat der große Aufklärer Voltaire schon 1736 gesprochen: „Lassen Sie sich nie die Wissenschaften durch den Streit der Gelehrten verekeln! Die Wissenschaftler sind größtenteils aus dem gleichen Holz geschnitzt wie die Höflinge; sie sind genau so habsüchtig, intrigant, verlogen und grausam wie die Hofschranzen. Der einzige Unterschied zwischen dem Geschmeiß der Höfe und dem der Hochschulen ist der, daß die Wissenschaftler noch lächerlicher sind".

Warum schreibt keiner eine Doktorarbeit über das Thema: ‚Die Verfolgung des Geistes durch die Geisteswissenschaft'?

Da das Erkenntnisinteresse der Wissenschaftler vor allem darauf gerichtet ist, dem Staat Geld aus der Tasche zu ziehen, und da sie um keinen Preis eingestehen können, daß der heutige Wissenschaftsbetrieb ein selbstzerstörerischer Prozeß ist, sind sie stets bestrebt, jedwede Kritik an der Wissenschaft als ‚wissenschaftsfeindlich' abzuwehren.

Man darf mit den Wissenschaftlern nicht allzu streng ins Gericht gehen, denn sie können es ja nicht besser. Mit den Gelehrten ist es wie mit den kleinen Kindern: gibt man ihnen etwas zum Spielen, dann machen sie es kaputt. Fast jedes Mal, wenn die Wissenschaft ein Thema in die Finger kriegt, hinterläßt sie am Ende einen chaotischen Scherbenhaufen, und die Aufgabe der Kunst und der Philosophie besteht darin, die Scherben zu einem wohlgeformten Ganzen zusammenzufügen. Und so wie die Kinder in ihren Laufställen herumtappen und für jeden Dreckkrümel, den sie finden, auch noch belobigt werden wollen, so muß man die hübschen Dozentlein mit einem nachsichtigen Lächeln belohnen, wenn sie mit ihren wichtigtuerischen Funden und ihren albernen Theorien angelaufen kommen. Habt Mitleid mit den Wissenschaftlern! Die Leute, die zu unbegabt sind, um sich als Künstler oder Philosoph einen Namen zu machen, die zu schlecht schreiben, um als Schriftsteller ihr Auskommen zu finden, und die zu vornehm sind, um als Pauker oder Zeitungsschreiber ihr Geld zu verdienen – die kann man doch nicht auf der Straße stehen lassen. Die akademischen Geisteswissenschaften sind die Pfründenwirtschaft des geltungsbedürftigen Mittelmaßes, eine Sozialhilfe für intellektuell Schwache. Wer nichts wird, wird Wissenschaftler. Und deshalb darf man den Universitätlern, die sich selbst gern als ‚seriöse Forscher' beweihräuchern, nicht lange grollen, sondern muß geduldig ihr hohles Geschwätz anhören und sie dann gleich wieder zum Spielen wegschicken.

Der Zweck der Wissenschaft ist die Herausfindung der Wahrheit. Der Zweck der meisten Wissenschaftler ist Geld, Ruf, Karriere, Macht, Konformismus und dreiste Unwahrheit.

Selig sind die Fleischspießbürger, denn ihrer ist der Wissenschaftsbetrieb.

Nichts ist unwissenschaftlicher als die Wissenschaft selber.

Zürich zum Beispiel

Am schönsten wirkt Zürich von der Spitze des Adlisbergs, denn dort oben sieht man die Stadt nicht.

Blickt man vom Käferberg auf die Metropole der deutschen Schweiz, dann offenbart sie sich dem Auge in ihrer ganzen breiten Schwammigkeit. Womit haben es der schimmernde Zürichsee, die gemächliche Limmat, der trutzige Uetliberg und die anderen Höhen ringsum verdient, daß sich dieses geschäftige, lärmende Sponsorenmonster an ihnen entlang- und hochgefressen hat?

Die Luft in Zürich ist zäh wie Pseudokruppstahl, und verdickt wird sie auch noch durch den Smog der Verdrossenheit, der unablässig aus den Gesichtern der Zürcher entweicht.

Der Charme der Zürcher hat den Wärmegrad einer Hundenase.

Der wichtigste Bestandteil von Zürich ist ich, das Zür spielt weiter keine große Rolle.

Die Zürcher wissen nicht, wo sie ihren Leib hintun sollen, und schieben ihn irgendwie vor sich her, eingepackt in teure Modegreuel. Italiener benutzen die Kleidung, um ihren Körper zu zeigen; Schweizer benutzen den Körper, um ihre Kleidung zu zeigen.

Zürich ist die erotisch unbegabteste Stadt Europas.

Philosophia helvetica: wer kein Geld hat, hat es nicht besser verdient.

Zürich ist der lebende oder vielmehr tote Beweis dafür, daß Geld nicht glücklich macht.

Die Funktion Zürichs besteht darin, zu schmutzigen Geschäften eine saubere Fassade abzugeben. Bei allen Affären dieser Welt führen die Spuren in die Schweiz und aus der Schweiz heraus.

Die Wahrheit über Zürich prallt an den Geldbeuteln der Mammoniten ab. Die Zürcher haben es gar nicht nötig, sich die Kritik an ihrer Stadt anzuhören.

Jeder zweite Zürcher ist ein selbsternannter Hilfssheriff. Die Schweiz ist ein demokratischer Polizeistaat, der auch ohne Faschismus auskommen kann.

Die Zürcher erinnern an Hegel – der war ehrlich und hölzern und jahrelang Hauslehrer in der Schweiz, und seine affirmative und positive Dialektik ist geprägt durch die eidgenössische Praktik, alle Interessen miteinander auszugleichen und jedem Teilelement ein gewisses Recht einzuräumen.

Die tiefste Emotion der Zürcher ist die Unsicherheit; sie trauen sich nix, und darum bieten sie Sicherheit.

Zürich bringt selbst keine Kultur hervor, sondern kauft sie ein. Man wartet erst ab, was in der Welt berühmt wird, und holt es dann herbei. Die helvetischen Eigengewächse sind kümmerlich und dürftig. Der letzte bedeutende Schweizer Schriftsteller hieß Gottfried Keller.

Zürich ist die geistige Welt en miniature: alle ideologischen

Jahrmarktsbuden sind hier aufgebaut, vom jungianischen Animateur bis zum neuesten Urschreihals sind alle Richtungen vertreten, jeder Guruguru findet Gehör und Gehorsam und dumme Pütchen in Zürich.

Der Zürcher Dialekt ist ein mißtönendes, ruckartiges, furchteinflößendes Gekrächze. Immer wenn ein Kellner zu den Worten ansetzt: „Isch's racht gsii?", habe ich Angst, daß er mir sein Gebiß auf den Teller spuckt.

Der aufschlußreichste Zürizismus ist der Ausdruck ‚Bürolisten'. In Deutschland würde man dahinter Papiere vermuten, die in einem Büro aufliegen; in der Schweiz sind damit die leibhaftigen Menschen gemeint, die im Büro arbeiten.

Alle Klischees über Zürich werden Lügen gestraft durch die Stadt selbst, die noch viel schlimmer ist als ihr Ruf.

Einzig die Nichtzürcher bringen Leben in diese Stadt der toten Hosenträger.

Zürich ist eigentlich ganz hübsch, nur die Zürcher stören darin. Vielleicht sollte man sie in die Sahara schicken und ihre vielen Autos im Sand verbuddeln, dann könnte man in Zürich wieder aufatmen und durchatmen.

Den glaubhaftesten Satz über diese Stadt sprach Hermann Hesse: „Zürich ist ein Wort, das für jeden etwas anderes bedeutet".

Geld regiert die Welt

Wer über Geld redet, braucht welches.

Sich wandeln, ohne sich zu verleugnen; Geld verdienen, ohne sich zu verkaufen – schwierig, schwierig.

Nun aber bleiben diese zwei: Geld und Gewalt – alles übrige gehört zur Dekoration.

Die Menschen glauben alle an denselben Gott, nämlich an den Mammon, haben aber gleichzeitig das Bedürfnis, den Glauben an diverse ideelle Gottheiten vorzuspiegeln.

Schopenhauer konnte es sich leisten, nur das zu veröffentlichen, was er für wahr hielt, denn er lebte geruhsam und sicher vom geerbten väterlichen Unternehmervermögen. Über den wohlfeilen Mut und Unmut der Besitzenden hat er nichts verlauten lassen. Ein fixes Sümmchen zum Monatsersten, das ist das Geheimnis des konservativen Radikalismus. Ebenso scheinheilig und gratismutig war die Position des k.u.k. Karl Kraus, auch der verdankte seine polemische Unabhängigkeit dem väterlichen Unternehmervermögen; er hatte es eben nicht nötig, seinen Stil als liebedienerische Phrasenware zu verhökern. Die meisten Auf- und Ehrab- sind Couponschneider. Zeige mir dein Bankkonto, und ich sage dir, wie mutig du wirklich bist. Die gefüllte Brieftasche ist das Korsett der aufrechten Haltung.

Nicht Güte zählt, sondern Bonität.

Man soll sich um seine Mitmenschen kümmern, vorausgesetzt, daß es sich von der Steuer absetzen läßt.

Wenn ein Buch Erfolg hat, so beweist das nur, daß sich die Leute wieder einmal das Geld aus der Tasche ziehen lassen.

Zeit ist Geld? Geld ist Zeit!

Nur Reiche und Fanatiker sind unbestechlich.

Gegenüber Journalisten gibt es zwei mögliche Verhaltensweisen: entweder man zahle ihnen Schmierfinkengelder, oder man lerne, sie zu ignorieren.

Daß Geld die Welt regiert, bezeichnen jene Menschen als Übertreibung, die mit Geld die Welt regieren.

To buy or not to buy – *that* is the Questschen.

Mit dem Geld ist es wie früher mit dem Sex: man redet nach Möglichkeit nicht darüber. Geld stinkt nicht, aber dafür stinken die Geldmenschen, und zwar nach parfümierten Fürzen. Zum Geld drängt, am Geld hängt, auf Geld reimt sich doch alles in dieser Welt. Man redet nicht darüber, aber man *handelt* danach.

Das Geld ist der Fetisch der wildgewordenen Zivilisierten.

Eins links, eins rechts

Die Linke ist die alte Hoffnung und die genauso alte Enttäuschung.

Im Namen der Linken ist mindestens ebensoviel Unrecht verübt worden wie im Namen der Rechten, nur mit dem Unterschied, daß bei der Linken die Diskrepanz zwischen Ideal und Realität beträchtlich größer ist.

Die Ideen wandern im schnellen Laufe der Zeit von links nach rechts und von rechts nach links. Permanenter Kohlenklau – darin besteht die Entwicklung des politischen Denkens.

Ein guter rechter Autor ist lesenswerter als ein schlechter linker; und umgekehrt. Es gibt keine guten rechten Autoren, behaupten die schlechten linken Autoren.

Die europäische Linke hat kein Thema mehr, außer ihrer eigenen Geschichte. Alle bedeutenden Anregungen der Gegenwart kommen von außerhalb der traditionellen Rechts-Links-Marschiererei. Das avancierte Denken schafft neue Fronten und neue Gemeinsamkeiten.

Wenn gewisse Linke jede neue Idee verbellen, die nicht aus ihrem Zwinger stammt, dann beweist das nur, daß sie auf den Wachhund gekommen sind – kettenrasselnde Hüttenköter, die verbissen anschlagen, um ihr beschränktes Reviercheh zu verteidigen, kurzangebundene Kläffer, denen man nicht zu nahe treten darf, denn man weiß nie, ob sie nicht die Tollwut haben.

Die Mehrzahl der Linken besteht aus Rechtshändern.

Hinter jedem Linken stehen noch linkere Linke, die penibel kontrollieren, wie links der Linke ist. Ein Linker, der in der Öffentlichkeit Erfolg hat, wird sofort des Verrats und des Opportunismus bezichtigt, auch wenn der Erfolg ohne sein Zutun zustandegekommen ist. Neid und Mißgunst tarnen sich bei den Linken mit pseudopolitischen Ausdrücken. Und die linke Kritik wird sofort persönlich: per Du wird jeder eingestuft und herabgestuft. Bei den Rechten ist alles förmlicher und distanzierter, ein einziges seriöses Getue. Wer weder mit solchen Linken noch mit solchen Rechten etwas gemein haben will, wer sowohl die Cliquen und Claquen der Linken als auch die der Rechten meidet, der findet sich abseits im Niemandsland, wo die wahren Connaisseurs und die gescheiten Köpfe zuhause sind.

Die Geschichte macht sie alle zu Narren, die Linken, die Rechten, die Mittleren und die Sonstigen, denn als Ergebnis des ganzen gesellschaftlichen Gerangels kommt immer etwas heraus, was keiner so richtig gewollt hat, und jede aufrichtige Absicht und jede gute Idee, die in diesen Strudel hineingerät, wird nur mißbraucht. Das einzige, was im politischen Leben wirklich tief gegründet ist, das ist die Oberflächlichkeit, und wer sich daran beteiligt, der kann sich nur kompromittieren. Man erledige seinen Kram, kultiviere seinen Garten, so man einen hat, und lasse die Canaille Grande wogen.

Wer den einen zu links ist und den anderen zu rechts, ist in Wirklichkeit allen zu klug.

Die Linke lernt man erst richtig kennen, wenn man es wagt, milden Sarkasmus über die Plattitüden eines linken Wortführers zu träufeln – im Nu hat man mit einer Schar erregter

Linker zu tun, die sich in falsch verstandener Solidarität für ihren Obergenossen einsetzen und gleich die gesamte Linke bedroht wähnen. Es ist wie seinerzeit bei den Raufereien auf dem Schulhof: die Holzhammerköpfe verwechseln die Kategorien ‚Kritik' und ‚Angriff'.

Das Fatalste an den Linken ist ihre Leichtgläubigkeit. Es braucht nur ein ignoranter Schmierdarwinfink in einem linken Winkelblättchen eine bestimmte Person herunterzugeigen, und es braucht nur ein ebenso ignoranter Schmierdarwinfink in einem rechten Winkelblättchen dieselbe Person hochzuloben, und schon sind die Linken geneigt, diese Person für ein verabscheuungswürdiges Subjekt zu halten. Nehmen wir zum Beispiel Knut Hamsun. Die wenigsten Linken haben jemals eine Zeile von ihm gelesen, aber alle Linken haben aus der Presse läuten gehört, daß er zur Zeit der Besetzung Norwegens mit den Deutschen sympathisiert habe und daher aus tiefstem Herzen zu verachten sei. Daß man zu einem solchen Autor, der zweifellos in seinen politischen Äußerungen eine Menge törichtes Zeug fabriziert hat, eine differenzierte Haltung einnehmen und wie Kurt Tucholsky den Publizisten Hamsun geringschätzen und den Epiker Hamsun hochschätzen kann, welchletzterer mit dem Buch ‚Markens Gröde' ein wahrhaft meisterliches Werk geschaffen hat – zu einer derartigen Sicht der Dinge sind die Durchschnittslinken außerstande, denn sie scheren alles über den geschwollenen Kamm der politischen und weltanschaulichen Einstellung. Und sie sind auch viel zu faul, um die Texte eingehend zu studieren und sich ein eigenes Urteil zu bilden. Die Linke läßt sich vom Fraktionszwang beherrschen, den sie aus Bereichen, wo er in gewissem Maße notwendig

ist, wie eine ansteckende Krankheit auf alle anderen Bereiche überträgt.

Die Misere der Linken hängt damit zusammen, daß die Linke nicht nur die Zufluchtsstätte der zu Unrecht Benachteiligten ist, sondern auch das Sammelbecken all jener bildet, die völlig zu Recht unterdrückt werden – sprich: der Wirrköpfe, der Scharlatane, der Fanatiker, der Raufbolde, der aktionistischen Tendenzliteraten und der talentlosen Schwätzer. Wer zu allem anderen unbegabt ist, der macht eben in Polletick. Alle diese ambitionierten Kleinkaros gesellen sich zu der Linken, solange sie in der Opposition ist, und lauern darauf, daß sie vom Sieg der Linken profitieren können. Dies ist auch die Tragödie der meisten linken Massenbewegungen: gutwillige Weltveränderer opfern sich auf im Kampf und schaffen Platz für skrupellose Karrieristen, die nur an der Ergatterung von Macht interessiert sind und weiter nichts im Kopf haben. Und freiwillig geben sie die Macht in der Regel nicht wieder her, da muß man schon viele Jahre warten.

Das einzige Argument für die Linke ist, daß die Rechte genauso schlimm ist.

Nicht ich bin reaktionär geworden, werte Genossen – die Linke ist im Begriff, reaktionär zu werden.

Daß die Linke durch die Linke selbst gelinkt wird, ist im Programm der Linken nicht vorgesehen.

Unterstützt die Linke, aber mißtraut den Linken.

Die Denkungsart der Revolution

Der Gedanke der Revolution ist ein kindlicher Impuls: man sieht, daß die Welt oder ein Teil der Welt marode ist, und will, anstatt sich mit lauen Reförmchen zufrieden zu geben, mit einem Schlag alles gut machen. Der revolutionäre Kindskopf bedenkt nicht, daß er gerade durch den Versuch, die Welt entscheidend zu verbessern, alles noch viel schlimmer machen kann, denn um ihn herum wimmelt es von Parteien, Fraktionen, Cliquen, Personen, die nur darauf warten, daß nützliche Idioten die alte Ordnung umstürzen und ihnen damit die Chance eröffnen, in das neuentstandene Chaos und Machtvakuum zu stoßen und ihre eigene Herrschaft zu etablieren. Wer hätte 1789 gedacht, daß ein paar Jahre später, nachdem Mirabeau, Marat, Danton, Robespierre und viele andere Revolutionsprotagonisten zugrundegegangen waren, ein korsischer homo novus die Macht an sich reißen und das ancien régime durch ein neues Kaisertum überbieten würde? Und bei den Revolutionen, bei denen die Revolutionsführer auch später noch am Steuer bleiben, verwandeln sich die Diktatorenstürzer über kurz oder lang in neue Diktatoren, die sich je nach Couleur mit politischen, militärischen, monarchischen oder theokratischen Titeln schmücken. In dem Moment, wo ein Revolutionär zur Macht kommt, fängt er an, ein Reaktionär zu werden (falls er nicht schon von Anfang an ein rechtsgerichteter Revolutionär war). Und in dem Moment, wo eine Revolution siegreich ist, beginnen die Revolutionäre, sich gegenseitig auszumanövrieren, denn einig waren sie nur so lange, wie der gemeinsame Feind existierte, und sobald dieser beseitigt ist, brechen alle persönlichen Animositäten und ehrgeizigen Machtgelüste und ideologischen Wahnvorstellungen auf, und beendet wird diese Rangelei meist durch ein neues Zwangsregime, das noch härter und brutaler ist als das vorhergehende. Wehe dem Land, das eine Revolution nötig hat – es wird aus dem Kreislauf von Gewalt und Gegengewalt, von Machtkampf und Cliquenkampf, von Säbelrasseln und Panzerrasseln so schnell nicht wieder herauskommen. Aber dies weiß man erst, wenn man etwas gesehen hat von der Welt, die man verändern will, und wenn man erfahren hat, in welche verkehrte Richtung die Dinge, die man in Bewegung gesetzt hat, abdriften. Die ehrenwerten Linksrevolutionäre, die den Schah von Persien bekämpften, haben indirekt den kriegerischen Oberpriestern ans Ruder geholfen; die nicht minder ehrenwerten Studentlein, die das lecke Staatsschiff der vietnamesischen Generäle zum Kentern bringen wollten, haben ungewollt dazu beigetragen, die boat people aufs Meer zu treiben; und die ebenso ehrenwerten Deutschen Demokratischen Revolutionäre haben mit ihrer Abservierung der ostdeutschen Politbürokraten den Weg für die westdeutschen Speckulanten und Parteibonnzen freigemacht, auch dies natürlich ohne explizite Absicht. Die Ironie jeder Revolution liegt darin, daß sie stets wieder eine neue Restauration bewirkt. In allen Revolutionen gibt es nur einen einzigen berauschenden Augenblick, und das ist der Sturz des bisherigen Systems, danach wird die alte „Scheiße" (Marx) unter neuen Namen weitergequirlt. Man muß einfach erkennen, daß auf das Schlimme gewöhnlich das genauso Schlimme oder das noch Schlimmere folgt und daß es in allen größeren gesellschaftlichen Gebilden nicht die Wahl gibt zwischen Rechtsstaat und Linksstaat oder zwischen Staat und Nichtstaat, sondern nur zwischen einem halbwegs erträglichen und einem vollends unerträglichen Unrechtsstaat, und daß die Vorstellung von einer Gemeinschaft der Freien, Gleichen und Glücklichen in den Bereich der Märchen, der Kantönli und der Südseeinseln gehört. Der Gedanke der Revolution ist ein infantiles Träumchen, das so tut, als sei man im wesentlichen allein auf der Welt und als bräuchte man bloß den unterdrückerischen Stein umzuwälzen, um das arme Gewürm zu befreien. Die kurzsichtigen Klugköpfe, die sich der geheiligten Sache der Revolution verschreiben, sind nicht selten Idealisten aus gutem Hause, die ihre eigene Gutheit (dieses Wort ist hier genau am Platze) auch bei den anderen Menschen voraussetzen, obwohl doch alle geschichtliche Erfahrung (die die jungen Naivlinge ja noch nicht haben können) auf ernüchternde Weise zeigt, daß die überwältigende Mehrheit der Erdenbewohner nicht im Traum an Freiheit, Gleichheit, Geschwisterlichkeit, Sozialismus und an anderen schönen Idealen interessiert ist, sondern lediglich daran, so viele Vorteile wie möglich für sich selbst herauszuschlagen. Die Welt ist schlecht, weil der Mensch nicht gut ist, und das alte Argument der linken Revolutionstheoretiker und Weltverbesserer, daß der Mensch schlecht *gemacht* werde, weil die Welt nicht gut eingerichtet sei, müssen wir leider Gottes als Trugschluß und Wunschgedanken abweisen. Es hilft alles nichts, der Gedanke der Revolution ist ein Ungedanke, ein zwar ehrenhafter, grandioser, rumreicher Impuls, aber zugleich eine bodenlose Falle, und daß gerade die Klügsten dazu neigen, auf diese Dummheit hereinzufallen, zählt zu den vielen Merkwürdigkeiten der Gattung Mensch. Ich wollte tippen ‚ruhmreich', tippte aber stattdessen ‚rumreich'. Na denn Prost auf die Revolution!

Marxismen

Karl Marx ist keine heilige Kuh, der man die Milch der frommen marxistischen Denkungsart abzapfen kann.

Das Dumme an den Marxisten ist, daß sie so schlechte Marxkenner sind.

Marxismus? Das sind in Wirklichkeit Dutzende von verschiedenen Marxismen, die sich untereinander auf das Erbittertste befehden.

Wer ist der bessere Marxist? Immer der, der diese Frage aufwirft.

Am heftigsten kämpfen die Nur-Marxisten gegen die Auch-Marxisten.

Die Schriften von Marx enthalten eine Theorie und eine Denkmethode und eine bewundernswerte Gedankenfülle, das Geschreibsel der Marxisten enthält ein Bekenntnis und ein Dogma sowie die spezielle Konfusion, die jeder einzelne Marxist in den Marxismus hineinträgt.

Pour Marx? Poor Marx!

Ernst Bloch konnte mit gutem Grund scherzen, es sei ein Zeichen von Intelligenz, wenn sich jemand als Marxist zu erkennen gebe. Heute, wo die großen Köpfe der marxistischen Tradition alle tot sind und durch trostlose Zahnstocherer lükkenhaft ersetzt wurden, ist es ein Zeichen von Nichtintelligenz, wenn sich jemand als Marxist bezeichnet.

Karl Marx und die Marxisten: ein Genie, zehn Diadochen, fünfzig Talente und hunderttausend Tranfunzeln.

Die überflüssigste aller Klassen ist die seminarmarxistische Lumpenbourgeoisie.

Was die Epigonen des 20. Jahrhunderts unter den Stichworten Marxismus, Sozialismus und Kommunismus ins Werk setzten, ist so ziemlich das Gegenteil von dem, was Marx im 19. Jahrhundert projektiert hatte, und um das zu erkennen, braucht man weiter nichts zu tun, als Marxens Schriften unverfälscht und unzensiert und ohne vorgängige Dogmatikerinterpretation von der ersten bis zur letzten Seite zu lesen.

Wenn einer zuerst in anderen Denktraditionen aufgewachsen ist und sich danach zu den Marxisten gesellt, dann findet keiner etwas dabei. Wenn aber jemand in seiner Jugend bei den Marxisten die Schweine gehütet hat und sich einige Zeit später vom Marxismus-Lamaismus abwandte, weil es in der Welt tausend andere interessante Dinge gibt, von denen nichts in den marxistischen Lehrbüchern steht, dann wird er als Verräter oder Renegat verteufelt und mit Haß beschenkt.

Die Leute glauben, man würde Marxist – so wie andere Katholik oder Buddhist werden.

Marxist darf sich nennen, wer die ersten hundert Seiten des ‚Kapitals' kurz überfliegt und sich den Rest von erfahrenen Genossen erzählen läßt.

Der Unterschied zwischen Marxismus und Pflaumenmus besteht darin, daß es im Marxismus mehr Pflaumen gibt.

Orthodox marxistisch denkt man, wenn man alles einordnen, bewerten und aburteilen kann, ohne jemals einen eigenen Gedanken gefaßt zu haben.

Die Marxisten werden wohl nie begreifen, daß der Marxismus nur eine von vielen möglichen Weisen ist, die Welt zu beschreiben und zu gestalten.

So wie es heute keine Guelfen und keine Ghibellinen und keine Hussiten und keine Saint-Simonisten mehr gibt, so wird auch eines Tages der letzte Marxist sein Gebetbuch zuklappen.

Marx ist Marxist? Karl Marx war ein Hegeling, ein Engelsianer und ein Antimarxist. Zu den lustigsten und treffendsten Äußerungen von Marx gehört sein Spott über die Marxisten seiner Zeit: „Moi, je ne suis pas marxiste!" Alles, was die Durchschnitsmarxisten wissen, ist, daß Marx und die Obermarxisten auf jeden Fall recht haben und daß es verboten ist, an ihren Behauptungen öffentlich zu zweifeln. Marxist sein heißt von Marx nicht das geringste verstanden zu haben. Jeder Ismus wird durch seine Isten diskreditiert, der Marxismus durch die Marxisten, die zum weit überwiegenden Teil aus Fanatikern, Dogmatikern und Schmalspurern bestehen. Wie sagte doch Engels so wunderbar? Er sehe „es lieber, wenn die Russen, und alle anderen auch, endlich damit aufhören würden, Marx- und Engelszitate herauszuklauben, und wenn sie stattdessen so dächten, wie Marx an ihrer Stelle gedacht hätte. Wenn das Wort ‚Marxist' ein Recht zu existieren hätte, dann nur in diesem Sinn". Preisfrage für Marxisten: wo habe ich diese schönen Zitate herausgeklaubt? Belohnung: vierzig blaue Bände.

Isten und Aner

Wer mit vierzig noch ein -aner ist, ist ein geistiger Sextaner.

Wenn Behavioristen den Namen Pawlow hören, läuft ihnen das Wasser im Munde zusammen.

Er war ein Neothomist, aber von der Fraktion des ungläubigen Thomas.

Mit den Diabolisten ist nicht gut Kirschen essen, denn sie kämpfen sowohl gegen die Götter als auch gegen die Gottlosen.

Dualisten sind gewöhnlich Monologisten.

Wer von nichts etwas versteht, muß sich eben auf Generalismus spezialisieren.

Erst war er Dadaist, dann wurde er Daddyist.

Ein Junghegelianer diskutierte mit einem Altmarxisten, ein Frühsozialist mit einem Spätkapitalisten, ein Neofreudianer mit einem Paläojungianer, ein Halbpositivist mit einem Dreiviertelgeiger, ein Poststrukturalist mit einem Oberpostdirektor, ein Kryptopointillist mit einem Pseudokubisten, ein Ex-Existenzialist mit einem Prä-Präraffaeliten, und das Ganze wurde vom Staat finanziert und nannte sich Kulturleben!

Ein romantischer Romanist aus Rom vergällte mit galligen Gallizismen einem anglikanischen Anglisten das Angeln nach klassizistischen Klassifizierungen von Klassefrauen.

Der Volkswitz hat sich noch nie etwas von den Ismen vormachen lassen. In Rußland erzählte man sich schon bald: „Was ist der Unterschied zwischen Kapitalismus und Kommunismus? Im Kapitalismus wird der Mensch durch den Menschen ausgebeutet, und im Kommunismus ist es umgekehrt".

Wer sich Voltaires Einsicht zu eigen gemacht hat, daß alle weltanschaulichen Lehren und alle politischen Richtungen gleich zweifelhaft sind, der hat immerhin noch die Wahl, sämtliche Ismen gleichmäßig mit der Gießkanne gutmütigen Spotts zu benetzen.

Die politischen Ismen haben nur einmal eine historische Chance, und wenn die vertan wird, dann hilft keine Hoffnung auf Regeneration – sie verschwinden einer nach dem anderen als einbalsamierte Begriffsleichen in den Lehrbüchern der Geschichte.

Jeder Ismus erlangt, wenn überhaupt, nur in seiner übelsten und vulgärsten Variante Wirksamkeit.

Ismus is was für die Doofen.

Soviele Ismen, soviele Schismen.

Jeder Ismus ist nur im Anfangsstadium interessant, mit Ausnahme des Rheumatismus.

Die Frauen, die Frauen, die Frauen

Du gehst zu Frauen? Vergiß das Gummi nicht!

Eine Frau ohne Mann ist wie ein Fisch ohne Schwanz.

Frauen gemeinsam sind stark geschädigt.

Als Gott die Frau erschuf, übte er nur Nachsicht.

Ein gescheiter Mann hat Tausende geborener Feindinnen: alle dummen Karrierefrauen.

Die Rede vom Macho ist so lange Quatscho, wie man nicht wahrnimmt, daß es mindestens ebensoviele Machas gibt. Zu den herrschsüchtigsten Frauchen zählen jene Muchachas, die auch dann die Hosen anhaben, wenn sie kurze Röcke tragen.

Der sichtbaren Herrschaft des Mannes über die Frau liegt die unsichtbare Herrschaft der Frau über den Mann zugrunde. „Der Mensch denkt, und das Weib lenkt“ (Heine).

Was will das Weib? Ich habe es herausgefunden: es will ästimiert werden. Man kann die Frauen drehen und wenden, wie man will – au fond kommt es immer auf das gleiche hinaus. Sie wollen ästimiert werden, sie wollen ästimiert werden, sie wollen ästimiert werden.

Wenn Frauen allein an die Macht kommen, treiben sie es keineswegs besser, sondern mindestens ebenso schlimm wie die Männer. Die Beispiele reichen von Oympias (wer war das?) bis zu den Premiereministerinnen unseres Jahrhunderts.

Wie schon Goethe und andere kluge Männer erkannt haben, sind die Frauen, weil sie sich nun mal aller Erfahrung nach von ihren Gefühlen beherrschen lassen, geradezu dafür prädestiniert, mit Schäferhundblick auf Schmeichler und Scharlatane hereinzufallen, und deshalb produzieren sie in allen Bereichen, wo es auf unparteiische Sachkenntnis und Urteilskraft ankommt, meistens ein Durcheinander. Und weil sie den realen Stand der Dinge gar nicht erfassen, sind sie auch kaum in der Lage, ihre Fehlurteile einzusehen und einzugestehen, und sie wollen es auch gar nicht. Zum guten schlechten Ton der emannzipierten Frau gehört, daß sie keinen Irrtum zugeben kann.

Das Gedächtnis vieler Frauen ist löchriger als ein Küchensieb, was sich bekanntlich auf lieb reimt. Sie vergessen ziemlich schnell, was sie einmal gesagt haben, empören sich auch noch, wenn man sie an das erinnert, was sie gesagt haben, und ein Jahr später sagen sie genau das Gegenteil von dem, was sie zuerst geäußert haben. Und auf ein und dieselbe These, der sie vor zwölf Monaten noch zugestimmt haben, reagieren sie jetzt ablehnend, und zwar einzig und allein deswegen, weil sich ihre emotionale Einstellung zu dem Urheber der These gewandelt hat. Schopenhauer, der kein Weiberfeind war, sondern ein Frauenkenner, sagte sehr richtig und objektiv: „Das Weib ist subjektiv". Ehret die Frauen, aber glaubt ihnen kein Wort.

„Das Ewig-Weibliche zieht uns hinunter und hält uns frisch, gesund und munter" (Ururfaust).

„Es gibt drei Arten von Frauen: die Guten, die Stuten und die Puten" (Don Giovanni).

Female Chauvinist Piggies

Früher gehörte Mut dazu, gegen den männlichen Chauvinismus anzutreten. Heute, wo sich der Feminismus als akzeptierte Ideologie und Praxis etabliert hat, gehört Mut dazu, den weiblichen Chauvinismus zurückzustutzen.

Der männliche Chauvinismus ist wenigstens noch hie und da originell, der weibliche Chauvinismus erschöpft sich in reiner Selbstbestätigung.

Was talentierte Frauen wie Dorothea Tieck und Marie von Ebner-Eschenbach zu sagen hatten, erhielt stets den Beifall aller objektiv urteilenden Connaisseurs. Die wirklich klugen Frauen haben es gar nicht nötig, sich feministisch zu gebärden.

Der Aufstieg des Feminismus hat nicht dazu geführt, daß sich der Prozentsatz der intelligenten Frauen vermehrt hat, sondern hat hauptsächlich die unintelligenten Narzissen dazu ermutigt, den Mund aufzumachen und ihr geltungsbedürftiges Kandelaberwurstgelaber ertönen zu lassen.

Statt den Kokelores des Maskulinismus abzuschaffen, hat ihn der Feminismus nur verdoppelt, und so haben wir denn beispielsweise, nachdem wir jahrhundertelang die überflüssige Wissenschaft namens Theologie ertragen mußten, nun auch noch zusätzlich den Kokelores einer feministischen Theologie. Ach, du heiliger Strohsack!

Kaum hat man den Frauen geholfen, sich zu emmazipieren, da werden sie ihrerseits chauvinistisch. Und wenn man sich erlaubt, diese schlichte Wahrheit auszusprechen, dann wird sie als ‚frauenfeindlich' abgestempelt. Paßt einem etwas nicht in den Kram, dann bringt man es einfach mit dem Wörtchen ‚feindlich' in Verbindung – ein uralter maskulinistischer Kunstgriff, mit dessen Hilfe man sich eine nähere Auseinandersetzung erspart. Schon seit Jahrzehnten wird diese Sprachregelung verwendet, um bestimmte Positionen als ‚deutschfeindlich', ‚sowjetfeindlich' und ‚amerikafeindlich' zu schmähen, und obwohl dieser primitive Trick in der politischen Kampfwelt ausgedient hat und zu einem langweiligen Ritual verkommen ist, das niemandem mehr die Zornesröte ins Gesicht treibt, wird er von militanten Tanten der Frauenbewegung übernommen. Angesichts des argumentativen und rhetorischen Arsenals der unholden Weiblichkeit darf man das Urteil fällen, daß viele Frauen nichs besseres zu tun haben, als alle Stupiditäten der Männerwelt nachzuahmen, und zwar auch und gerade dann, wenn sie in Opposition zur Männerwelt stehen.

Frauen sind geil auf Macht (eine These, die kein Vorurteil ist, sondern ein nur allzu gut begründetes Nachurteil). Überall, wo soziales Prestige zu finden ist, ob links oder rechts oder sonstwo, rottet sich ein Haufen Frauen zusammen. Reiche Potentaten, berühmte Stars, angesehene Bürgersleute, rebellische Volkstribunen und vergleichbare Maskulinitäten sind von jüngeren oder älteren Gespielinnen umgeben, die nur eins im Sinn haben: Teilhabe an der Macht. Es ist ein weitverbreiteter Aberglaube, daß sich die Frauen von sexuellen Impulsen leiten lassen (und darin liegt kein Widerspruch zu der vorhin geäußerten These, daß sich die Frauen von ihren Gefühlen beherrschen lassen). Die meisten Weiblein setzen ihre Sexualität nur ein, um damit etwas zu erreichen – Frauen heiraten herauf, aber nicht herunter. Und sobald der Mann, dessen Stellung sie für ihre Zwecke ausnutzen, sozial abstürzt oder zur Genüge ausgepreßt worden ist, schwirren sie flugs ab. Wer kennt nicht die Geschichten von Schauspielern, Boxern, Tennisspielern und anderen Kleingrößen, die auf die Reize silikonbusiger Sexbomben flogen, welchselbige nach einer gewissen Zeit die Bombe platzen ließen und sich mit einem Batzen Geld auf und davon machten? Natürlich gibt es auch Männer, die den gleichen Pokniff anzuwenden wissen, aber aufschlußreicherweise ist bei uns nur das Wort ‚Heiratsschwindler' gebräuchlich, nicht aber das Wort ‚Heiratsschwindlerin', woraus wir ersehen können, daß es nicht nur eine sprachliche Diskriminierung der Frauen, sondern ebensosehr eine sprachliche Diskriminierung der Männer gibt. Für jede Rechnung, die der Feminismus den Männern aufgemacht hat, kann eine Gegenrechnung erstellt werden.

Die einzigen Punkte, in denen die Frauenbewegung recht hat, sind die Themen ‚Abtreibung' und ‚Gewalt gegen Frauen'. Der Rest ist Firlefanz.

Es gibt mittlerweile Rechtsanwältinnen, die in einem Frauenkollektiv zusammenarbeiten und sich einen männlichen Untergebenen halten, der auf den Namen ‚Sekretärin' (kein Druckfehler) hören muß. Dies ist nichts weiter als die Fortsetzung des maskulinistischen Chauvinismus mit umgekehrtem Vorzeichen, und daß man über solche Albernheiten auch noch diskutieren soll, ist eine Zumutungin, ich wollte sagen: Zumutungusin.

Mit dem Feminismus ist es wie mit dem Marxismus und allen anderen Ismen: eine Weile revolutionär und progressiv und emanzipatorisch und was der schönen Worte mehr sind, verwandeln sie sich im Lauf der Zeiten in einen öden und blöden Phrasenkramladen. Die Theorie der Frauenbewegung, die anfangs ein paar lesenswerte Texte hervorgebracht hat, ist zu einer banalen Mythologie geschrumpft, mit deren Hilfe mediokre und unbegabte Phraseusen, die sich an den Glauben klammern, das bloße Frausein sei schon etwas Besonderes, ihr Ichlein zur Geltung bringen wollen und ihre Minikarrieren voranzutreiben gedenken – Quotenzeloten, wohin man blickt. Und so wie sich in die Arbeiterbewegung die Funktionäre und die Warlords hineingemengt haben, die den Arbeiter aus der kapitalistischen Herrschaft befreien wollten, um ihn unter ihre eigene Herrschaft zu bringen, so haben sich in die Frauenbewegung die lieben Lesben hineingezwängt, die den Frauen die Männer madig machen wollen, um Nachschub für ihre Betten zu besorgen. Daneben gibt es auch unlesbische Feministinnen, die ihre Probleme so verbalisieren: „Ich mag Männer nicht, aber ich bin sexuell auf sie angewiesen!“, und diesen Wirrwarr in ihren Köpfen tragen sie in alle ihre beziehungslosen Beziehungen hinein – Mann, oh Mann!!

Was uns als Emanzipatriarchat der Frau oder als feministische Befreiung oder als androgyne Revolution oder als sonstwas Tolles verkauft wird, ist in Wahrheit eine Zerfallserscheinung der Gattung Mensch.

Die Frauen sind viel zu liebenswerte Geschöpfe, als daß man sie den Feministinnen überlassen sollte.

Zwischenrufe

„Wesentliches Sprechen ist immer auch eine Entsprechung zu einem Hören – vor allem zu einem Gehörthaben" (Sloterdijk). Hört, hört!

„Ein großer Mann verdammt die Menschen dazu, ihn zu explizieren" (Hegel). Wohl eher so: die Menschen verdammen einen großen Mann dazu, von ihnen expliziert zu werden.

„Die weibliche Lust liegt neben der männlichen wie ein Epos neben einem Epigramm" (Karl Kraus). Es kommt auch vor, daß die männliche Lust neben der weiblichen wie eine Ballade neben einem Sonett liegt.

„Ich kenne keinen Kummer, den eine Stunde Lesens nicht verscheucht hätte" (Montesquieu). Und wenn man solche Geldsorgen hat, daß man sich nichts zum Lesen kaufen kann?

„Der Nutzen der Sprache besteht darin, durch kurze Laute leicht und schnell allgemeine Vorstellungen zu bezeichnen" (Locke). Wenn man sich durch akademische Abhandlungen quält, denkt man anders darüber.

„Ich fühle Hartes; wenn ich so spreche, so ist Ich das eine, das zweite ist das Etwas: es sind ihrer zwei. Der Ausdruck des Bewußtseins, das Gemeinschaftliche ist die Härte. Es ist Härte in meinem Gefühl, und auch der Gegenstand ist hart" (Hegel). Hart ist der Schwanz der Bisamratte!

„Jede Innerlichkeit ist tiefensomatisch verwoben in den Magnetismus des Allgemeinen" (Sloterdijk). Au Backe, mein Zahn!

Mottos für alle Lebenslügen

„Als ich zur Welt kam und die Hebamme erblickte, war ich zu Tode erschrocken: ich hatte die Frau in meinem ganzen Leben noch nicht gesehen" (Karl Valentin).

„Im Alter ist uns die Weisheit gegeben, um den Verfall unseres Verstandes zu verdecken" (Voltaire).

„Wie die Hormone, so der Mormone" (Lec).

„Du quasselst, du quasselst, das ist alles, was du kannst" (Laverdure).

„Meine lieben Freunde, es gibt keine Freunde" (Aristoteles).

„Ach, hätte ich Sie doch zwanzig Kilo früher kennengelernt!" (Julian Tuwim).

„Verschiebe nicht auf morgen, was genausogut auf übermorgen verschoben werden kann" (Mark Twain).

„In einen Verein, der Leute wie mich als Mitglieder akzeptiert, würde ich niemals eintreten" (Groucho Marx).

„Wenn Gott mir doch irgendein klares Zeichen geben würde – zum Beispiel eine großzügige Einzahlung auf meinen Namen bei einer Schweizer Bank!" (Woody Allen).

„Es gibt Leute, die sich über den Weltuntergang trösten würden, wenn sie ihn nur vorhergesagt hätten" (Christian Friedrich Hebbel).

„Unerschütterlichkeit ist die Kunst, die Stürme in seinem Herzen verborgen zu halten“ (Larochefoucauld).

„Wir sind so gerne in der freien Natur, weil diese keine Meinung über uns hat“ (Nietzsche).

„Man mag den Hintern schminken, wie man will – ein ordentliches Gesicht wird nie daraus“ (Lichtenberg).

„Liebet eure Feinde, vielleicht schadet das ihrem Ruf“ (Lec).

„In der ersten Hälfte unseres Lebens opfern wir unsere Gesundheit, um Geld zu verdienen. In der zweiten Hälfte unseres Lebens opfern wir das Geld, um unsere Gesundheit wiederzuerlangen“ (Voltaire).

„Panikartig zerplatzte ein alter Leberkäs, und am Ende des Vortrags trat plötzlich der Schluß ein“ (Karl Valentin).

Sprichweiterwörter

Mit den Einfällen ist es wie mit den Hemdenknöpfen – oft fehlen sie (Skandinavisch).

Wer die Wahrheit sagt, braucht ein schnelles Pferd (Asiatisch).

Ein Frosch trinkt den Teich nicht aus, in dem er lebt (Indianisch).

Ein Mann ohne Bart ist wie ein Brot ohne Kruste (Lettisch).

Sich sägen bringt Regen (Valentinisch).

Der Durst ist uns näher als die Leber (Bayrisch).

Ruhm bringt Unheil (Chinesisch).

Not lehrt treten (Sado Macho).

Der Mensch denkt, Gott henkt (Alttestamentarisch).

Leute machen Kleider (Französisch).

Nur ein reicher Ausländer ist ein guter Ausländer (Schweizerisch).

Kommt Zeit, kommt Geheimratsecke (Kahlau).

Wenn du Angst hast vor dem Wolf, dann geh nicht in den Wald (Polnisch).

Die Medien

Die Medien gebärden sich immer mehr als Östapo, als Öffentliche Staatspolizei.

Es gibt Journalisten und Journalistinnen, die so dumm sind, daß man sie nicht einmal zu bestechen braucht.

Mit den Pressefritzchen ist es wie mit den Fliegen. Man muß sie gewähren lassen und sie von Zeit zu Zeit abschütteln und sie auf den Leim gehen lassen. Loswerden kann man sie nicht.

Der Ahnherr des Reporters ist der Hund. Winselnd kommt er angekrochen, um sich einzuschmeicheln und einzuschleichen; freundlich wedelt er mit dem Schwanz und mit dem Scheckbuch; dabei hat er nur im Sinn, sich auf eine Stufe mit den Höheren zu stellen und sie auszuhorchen und kleine Sensationen zu erfinden. Bei dieser opportunistischen Machtmimikry hält er sich zwei Optionen offen: vom Glanz der Berühmten zu profitieren, solange sie berühmt sind, und sie zu schmähen, sobald sie gestürzt sind. Zeitungsschreiber sind Beinpinkler.

Die einen Journalskribler skribelten, ich sei ein Soziologe, die anderen, ich sei ein Ethnologe, die dritten, ich sei ein Sammler, die vierten, ich sei ein Essayist, die fünften, ich sei ein Germanist, die sechsten ... Woher die Ignoranten das alles so genau wissen, möchte ich wissen. Sie bräuchten doch nur alle meine Sachen sorgfältig und unvoreingenommen zu lesen, und schon wüßten sie, was ich bin.

Zu den unüberlegtesten Pressephrasen gehören die pejorativen Ausdrücke ‚pubertär' respektive ‚spätpubertär'. Die Pubertät ist die einzige Lebensperiode, wo auch gemeine Naturen an das streifen, was Genialität genannt zu werden verdient. Bei den meisten verschwindet dieses Talentaufflackern wieder spurenlos, und die allzu früh Erwachsenen wenden sich materiellen Zielen zu, während die echten Begabungen den zeitweiligen Produktivitätsschub der Pubertät zu einem lebenslangen Inspirationsquell machen. Der Ausdruck ‚spätpubertär' wäre, wenn überhaupt, nur als Lobeswort verwendbar. Alle schöpferischen Männer sind ewige Kindsköpfe und Jünglingsköpfe – nur die abgebrühten und zu heiß gebadeten Presser sind entpubertierte Senilschwätzer.

Es gibt zwei Hauptformen der journalistischen Raffgier: die Geldraffgier und die Wallraffgier.

Die Zensur findet heute durch die Medien statt.

Es gibt drei Arten von Kritikern: Großkritiker, Gernegroßkritiker und Kurzundkleinkritiker.

Das fundamentale Problem der Zeitungserpel: wie füllt man den Platz zwischen den vielen Annoncen?

Schostakowitsch sagt in seinen Memoiren, daß der typische Journalist ungebildet, rüpelhaft, zynisch, korrupt und geldgierig ist. Chaplin schildert in seiner Autobiographie, wie die amerikanischen Journalisten untereinander verabredeten, ihn zu verleumden und fertigzumachen. Arthur Rubinstein schreibt in seinen Erinnerungen, daß man am besten fährt, wenn man den Konzertkritikern einfach in die Feder diktiert, was sie drucken sollen. Dem ist nichts hinzuzulügen.

Probleme

Die Langeweile ist das Problem derer, die an Kurzweil gewöhnt sind.

Die Impotenz ist das Problem derer, die noch Lust haben.

Behauptung: Manche Probleme lösen sich von ganz allein. Beweis: Autos, die man nur riskant überholen könnte, biegen sowieso gleich ab.

Schmutziges Geschirr sollte man dahingestellt sein lassen.

„Nema problema“ (Anna Thema).

Wenn man seinen Verstand dazu angetrieben hat, alles und jedes zu problematisieren und zu relativieren und zu differenzieren, dann bleibt einem zum Schluß nichts Festes mehr in der Hand, und es ist eine mindestens ebenso große Verstandesanstrengung nötig, um zu den einfachen Wahrheiten zurückzufinden.

Das häufigste Problem ist das Pseudoproblem, die verbreitetste Literatur ist die Trivialsekundärliteratur, die bekannteste Diskussionswissenschaft ist die Geschwätzwissenschaft.

Von den Denkern, die sich mit dem brennenden Problem herumschlugen, ob morgen wieder die Sonne aufgehen wird, hat kein einziger die Mitternachtssonne gesehen.

Alle heutigen Probleme auf unserer Erde rühren letzten Anfangs daher, daß wir zu viele Menschen geworden sind. Zwanzig Individuen können noch keinen Ismus inszenieren, zweihundert Individuen brauchen nicht zu hungern und deswegen aggressiv zu werden, zweitausend Individuen können die Natur nicht verwüsten (zumindest nicht die ganze Natur), zwanzigtausend Individuen (was schon eine Masse ist) können dies nicht und können das nicht. Alle Schlupfwinkel und Ausweichgebiete auf unserem kleinen Planeten wurden im Laufe der geschichtlichen Entwicklung besetzt, die Leute können nirgendwo anders hin, und deshalb schlagen sie sich gegenseitig die Schädel ein und schießen sich auf den Mond. Alle Probleme des Menschen hat er sich selbst erst geschaffen. Die Fehlentwicklung unserer Gattung begann in dem Moment, als der Mensch die endgültige Herrschaft über die anderen Tiere errungen hatte – von diesem Zeitpunkt an (und nicht erst, wie unsere alten Ismentheoretiker meinen, seit dem Beginn des Privateigentums oder der Klassengesellschaft oder des Patundpatachonpatriarchats) gab es kein Halten mehr bei der Vermehrung und der Naturbeherrschung und der Aggression und der Okkupation der ganzen Erde. Wenn die Dinosaurier überlebt hätten, wäre der homo heterosexualis vermutlich nie hochgekommen, sondern wäre als äffischer Halbmensch und Waldschrat in biologischen Gleichgewichtsschranken kleingehalten worden. Und weil die Dinosaurier bedauerlicherweise ausgestorben sind, muß auch die hybride Milliardenspezies Mensch aussterben; oder sich selbst dezimieren.

Es gibt für alle Probleme eine Lösung: wenn nicht friedlich und vernünftig, dann eben in Form einer kleinen Katastrophe.

Ontologie des Nichtseins

Der einzige ontologische Satz, dem niemand seine Zustimmung versagen kann: „Etwas ist immer“.

Das Laß-das-sein bestimmt das Bewußtsein.

Das So-und-nicht-anders-sein-können mußte sich vom Immer-schon-durchgeblickt-haben eine Bindestrichentzündung diagnostizieren lassen.

Der Schein bestimmt das Bewußtsein.

Es kommt immer Günter Anders, als MAN denkt.

Das Schwein bestimmt das Bewußtsein.

„Das Nicht ist nicht da, aber indem es derart das Nicht eines Da ist, ist es nicht einfach Nicht, sondern zugleich das Nicht-Da“ (Bloch). Nicht da!

Von nichts kommt rein gar nichts, aber von Dolcefarniente kommt Pekingente.

Das Nichts nichtet. Das Wesen west. Das Sein seint. Der Wein weint. Der Trog trog. Die Ontologen logen.

Das Sein existiert überhaupt nicht.

Die einzig sinnvolle Ontologie ist die Gerontologie.

Palaverkadaver

Alles und jedes wird so lange beredet, bis es völlig zerredet ist. Die Welt wimmelt und bimmelt von Leuten, die sich über Themen verbreiten, von denen sie nichts verstehen – aufgeblasene Gummibären, deren einziges Interesse die Selbstbelobhudelung ist. Und wenn man ihnen das sagt, werden sie auch noch patzig. Oh tausendfältige Einfältigkeit! Und dann dieser entsetzliche Wortschwall, mit dem die Medien das Publikum übergießen! Schlimmer als Kopfwäsche!

Die Deutschen (und diese Verallgemeinerung ist vollauf berechtigt) haben bis heute große Schwierigkeiten, die objektive Bedeutung einer polemischen These zu ermessen. Jede Kritik wird von vornherein als Rufschädigung und Karrierebedrohung eingestuft, völlig unabhängig davon, ob sie berechtigt ist oder nicht. Und immer wieder fällt dasselbe Hieb- und Stichwort: ‚Zurückweisen'. Einwände, Korrekturen und Widerlegungen werden nicht überprüft, sondern ‚zurückgewiesen', als seien sie bloße Mißfallensbekundungen. Der tumbe Allerweltsteutsche steht fest und unbeweglich auf der geistigen Stufe jenes hornochsigen Unteroffiziers, der für jedes Gegenargument die gleiche Retourkutsche bereithielt: „Das Denken müssen Sie den Pferden überlassen, die haben die größeren Köpfe". Und das sollte auch noch ein Witz sein.

Mit der Zeit werden die Leute aller Dinge überdrüssig, im Reich der Ideen ebenso wie in der Politik. Überdruß ist nicht gleich Langeweile, denn Langeweile ist apathisch und erstickt in der eigenen Schläfrigkeit, während Überdruß umstürzlerisch ist. Aber auch die Umstürze bleiben nicht vom Überdruß verschont – Überdruß richtet sich gegen alles.

Sobald eine Generation ihre eigenen Parolen nicht mehr hören kann, tritt die nächste Generation auf den Plan, um mit jugendlichem Schwung und verblüffender Naivität genau die gleichen Fehler zu machen.

Unten in der Arena hadern die verbiesterten Kontrahenten, oben drüber schwebt das hämoglobale Nachrichtenmagazin, das über alles Bescheid weiß und an alle Beteiligten Zensuren verteilt.

Wenn man das Geschwätz der Welt nicht mehr ertragen kann, dann wird es Zeit, zu sterben oder Urlaub zu machen.

Immer wenn er ‚Medien' sagen wollte, sagte er ‚Mädchen'.

Was waren das noch für stille Zeiten, als das Wort ‚Medien' nur ein Land im fernen Nahen Osten bezeichnete!

Wenn die Konfusion vornehm tut, dann nennt sie sich Synthese.

Bescheidungen

Alles geht, und nichts läuft.

Man kann nichts festhalten, außer auf dem Papier.

An dem Tag, wo man anfängt, mit verdeckten Karten zu spielen, hat man aufgehört, ein Kind zu sein.

Wer einmal mit einer Autowerkstatt zu tun gehabt hat, der hat bereits den Glauben an das Gute im Menschen verloren.

Hilfe in der Not findet man bei Leuten, die glücklich sind, wenn man sie ausnutzt.

Der Wille, die Welt zu verbessern, wird den Willigen durch die Welt ausgetrieben.

Die Enkel fechten's nur noch schlechter aus.

Das Ganze ist die Ware.

Es bleibt immer einer hängen.

Nichts ist los, nicht einmal der Löwe.

Alles joggt, und rien ne va plus.

Vergleiche

Vergleiche sind die Oasen in der Begriffswüste. Vergleiche Kant e tutti frutti quanti.

Das Lösen von philosophischen Problemen ist so leicht wie das Lösen von Schuhbändern: man muß nur an der richtigen Stelle ziehen.

Die Abstraktion ist wie ein Flugzeug. Je höher man kommt, desto mehr Übersicht gewinnt man; dafür sieht man weniger von den einzelnen Gegenständen und Lebewesen. Nur wer beides hat, allgemeinen Überblick und speziellen Einblick, verliert sich nicht in den wolkigen Höhen des Abstraktismus oder in den dumpfen Niederungen des Konkretismus.

Wenn man ein Schwein vom Futtertrog abdrängt, dann fängt es an, empört zu grunzen. So ähnlich ist es auch mit allen Menschen, die ihre Privilegien bedroht sehen.

Von ferne denkt man, die Seminarphilosophie fließe dahin wie Vulkanlava. Wenn man näher kommt, sieht man, daß es nur ein zähflüssiger Papierbrei ist.

Mit dem Ruhm ist es wie mit dem Mond: mal nimmt er zu, mal nimmt er ab, und oft ist er gar nicht zu sehen.

Sie glich der Evolution: sie war nach oben und nach vorn offen.

Nachklänge

Leise flehen meine Lieder.
Lästig schlottern deine Glieder.
Lieber sag ich's dir mit Flieder.
Leder mögen meine Freier.
Lausig flöhen mich die Diebe.
Lauter schmatzen unsre Geier.
Lieblich tönen deine Hiebe.
Ledig tanze ich mit Meier.
Leidlich säuselt deine Liebe.
Läuse fliehen meine Haare.
Leda sägt die kleinen Schwäne.
Lumpig zausen mich die Jahre.
Lose fallen alle Späne.
Leidig schneiden mich die Paare.
Lustlos rollt die heiße Träne.
Langsam rutschen deine Mieder.
Locker spring ich auf und nieder.
Leider heiße ich nur Dieter.

Entkürzelungen

Akne = Amtskostennachweiserbringung
Aua = Arbeitsunfähigkeitsausweis
Benefiz = Beamtennebentätigkeitsfinanzierung
Bravo = Beitragsrechnungsannullierungsverordnung
Debil = Datenerfassungsbildschirm
Dogma = Deutsches Ortsgruppenmeldeamt
Ekel = Ersatzkassenerstattungsleistung
Eos = Erste Ozonschicht
Etepetete = Etablierte europäische Etikette
Flop = Fernlenkungsorientierungsprogramm
Gigolo = Girl in girl out love over
Grüezi = Grüß Gott ein Einzelzimmer
Grunz = Grundpfandrechtsumstellungsgesetz
Guru = Guter Ruf
Ibiza = Indogermanische Bienen- und Zuhälterabsteige
Ios = Insel ohne Schatten
Igitt = Interaktionsgerechte Insidertalkterminologie
Lollo = Lolita Loren
Mops = Marktorientierter Produktspezialist
Müde = Mülldeponie
Olim = Oberlandesinnungsmeister
Pfiff = Pfeifenimpulsfolgefrequenz
Placebo = Plagiatives Celluloidbonbon
Promi = Promenadenmischung
Rokoko = Rosenfingrige Kokeloreskoketterie
Sabbel = Sachbearbeiterbelehrung
Sau = Société anonyme urinaire
Schiri = Schiebungsrisiko
Wust = Warenumsatzsteuerverordnungssammlung
Yeti = Young extra-terrestrial individual

Interpretationen

„Biographen sind die Rächer des durch das Genie beleidigten Mittelmaßes" (Hermann Schweppenhäuser). Das gilt beispielsweise für alle interpretierenden Lebensbeschreibungen von Marx, Nietzsche, Freud und Picasso.

Die Mehrzahl der Interpretationen ist keinen Deut wert.

Die unkluge Interpretation sieht an einem Werk nur das Biographische und Zeittypische. Die kluge erkennt an einem Werk das Einzigartige.

Die beste Interpretation steigert sich so am Gegenstand, daß sie selbst zur Primärliteratur wird.

Da strengt man sich an, um neue Gedankenwendungen zu erarbeiten, und dann kommen die Sekundärliteraten und übersetzen alles in ihre alten Phrasen zurück.

Die Poesie ist nicht erfunden worden, um lautstarken Tamtammatadoren Gelegenheit zu geben, sie nach allen Regeln der Poetik und der Schwatzkunst hin und her zu deuteln und zu beuteln. Oh nein, die Dichtung ist schlicht und einfach dazu da, um denen, die sie verfertigen, und denen, die sie hören und lesen, Freude zu bereiten, e basta.

Literatur versteht man nur dann, wenn man sie nicht interpretiert.

Am Anfang und am Ende jeder Interpretation steht das alte Lied: „Ich weiß nicht, was soll es bedeuten".

Es gibt drei Arten von Interpretationen: Überinterpretationen, Unterinterpretationen und Fehlinterpretationen.

„Sekundärliteratur ist der unheilbare Aussatz, der die großen Werke befällt“ (Hermann Schweppenhäuser). Deshalb sollten alle Interpretenexegeten, Deutelbeutel und Hermeneutenmeuten in Quarantäne gehalten werden, damit sie sich gegenseitig bis aufs Hemd interpretieren können und den Rest der Welt mit ihrem ekelhaften Geschwätz in Frieden lassen.

Der einzig genießbare Pret ist der Wildpret.

Fakten

Was sich als Interpretation aufplustert, ist meist nur ein schlampiger Umgang mit den Tatsachen. In einem hochgestochenen Aufsatz über Goethe behauptet Walter Benjamin mit der Miene des Kenners, es sei „weniger bekannt, daß er (Goethe) niemals ans Sterbebett seiner Frau getreten ist" (Ges. Schr. I/1, Ffm 1974, S. 151), und knüpft an dieses vermeintliche Faktum allerlei hermeneutische und metaphysische Betrachtungen. Dieses ‚weniger bekannte' Faktum ist gar kein Faktum, sondern nur eine Legende, der Benjamin erlegen ist, weil er zu nachlässig war, um die Texte intensiv zu studieren. Wenn man sich die Arbeit macht, das Material über Goethes Leben in erreichbarer Vollständigkeit nachzulesen, dann stößt man bald auf einen bewegenden Bericht, der beweist, daß Goethe durchaus an das Sterbebett seiner Frau getreten ist (Goethes Gespräche, hrsg. W. Herwig, Bd. 2, Zürich 1969, S. 1143). Die Regel bei den Faktenbehauptungen ist, daß sie überhaupt nicht stimmen. Karl Marx, schreibt ein als Psychograph posierender Phraseologe, habe niemals eine positive Beziehung zu einem Hund gehabt (Arnold Künzli, Karl Marx, Eine Psychographie, Wien 1966, S. 299), und nimmt dieses angebliche Faktum zum Anlaß für vorwurfsvolle Bemerkungen über den dubiosen Charakter Marxens, der die ganze Welt habe verändern wollen, aber nicht einmal zu einem einzigen Hund freundlich gewesen sei. Auch diese Behauptung gehört in die Kategorie Quatsch und verdankt sich ausschließlich der Tatsache, daß Arnold Künzli sozusagen ein fauler Hund war. Wie man aus dem von H. M. Enzensberger herausgegebenen Buch ‚Gespräche mit Marx und Engels' (Bd. 2, Ffm 1973, S. 574) ersehen kann, hatte Marx Hunde ausgesprochen gern. Der allen Interpreten gemeinsame Defekt ist dieser: sie lesen zuwenig, und sie schreiben zuviel. Anstatt die Publikationen eines Autors und die Dokumente über ihn zuallererst komplett durchzugehen, begnügen sie sich mit einer auswahlhaften Lektüre und fangen mit dem Interpretieren an, bevor sie mit dem Lesen fertig sind. Und sie lesen nicht einmal die Bücher, die sie ausgewählt haben, von A bis Z. Alexander Demandt verbreitet über Alexander den Großen, daß dieser erst von dem Hegelianer Droysen als ‚Geschäftsführer des Weltgeists' bezeichnet werde, während er von Hegel selbst in seinen ‚Vorlesungen über die Philosophie der Geschichte' nur als überzeitliches Faktum, also noch vorhegelianisch gewertet worden sei (Archiv für Kulturgeschichte 54/1972, S. 330). Was für eine geistvolle Pointe! Doch leider ist der Gegensatz, den Alexander der Kleine zwischen dem Hegelianer Droysen und dem Vorhegelianer Hegel herstellt, kein Faktum, sondern eine Erdichtung, die sich daraus erklärt, daß Demandt die Mühe scheute, Hegels ‚Vorlesungen über die Philosophie der Geschichte' von der ersten bis zur letzten Seite zu lesen. Hätte Demandt das Buch, auf das er sich bezieht, wirklich aufmerksam gelesen, so wäre ihm schon nach relativ wenigen Seiten in die Augen gesprungen, daß Alexander der Große von Hegel tatsächlich explizit zu den ‚Geschäftsführern des Weltgeists' gerechnet wird (auf den Seiten 46 und 47 der ‚Vorlesungen über die Philosophie der Geschichte', Ffm 1970). Und so wie bei diesen drei Beispielen ist es überall. Alle Welt ist sich darin einig, daß die Fakten die Grundlage allen Wissens und Denkens sind, doch fast die ganze Welt ist zu faul, die Fakten herauszufinden, am faulsten von allen sind die Gelehrten, und am faulsten von allen Gelehrten sind die positivistischen Tatsachenfetischisten. Nichts wird öfter beschworen, und nichts wird öfter mißachtet – als das Faktum.

Irrtümer

In politischen Dingen irren wir alle. Alle durch die Bank, alle durch die Bänke, alle durch die Deutsche Bank.

Die moralischen, sozialen, intellektuellen Tugenden und Untugenden sind ziemlich gleichmäßig bei allen Rassen, Klassen, Wirtschaftssystemen, Blöcken, Nationen, Stämmen, Organisationen und bei den beiden Geschlechtern zu finden. Jeder reformerisch motivierte Ismus lebt von dem Irrtum, daß einem der Elemente der Vorzug zu geben sei und daß von ihm allein die weltgeschichtliche Rettung zu erhoffen sei, und jeder dieser Ismen inszeniert in wechselnden historischen Kostümen eine kleine Variante der menschlichen Tragikomödie, und jeder Ismus tobt sich so lange aus, bis alle zu der Erkenntnis kommen, daß es auch damit nichts ist – und frei ist die Bahn für den nächsten Irrtum.

Wenn man aus den Träumen der Jugend erwacht (und es kann lange dauern, bis es soweit ist), erkennt man mit Hegel und mit Grausen, wie prosaisch die Welt doch ist. Ist dies nicht der Grund, warum so viele reichbegabte Individuen früh verstummten und erloschen, warum Rimbaud das Schreiben sein ließ und nach Afriko entfloh, warum sich Hölderlin in den Turm des Wahnsinns zurückzog, warum Mozart, Schubert und Chopin, die die wohl zarteste und innigste Musik komponierten, welche je geschaffen wurde, schon in den Dreißigerjahren ihres Lebens starben? Vielleicht war es das verdeckte Geheimnis und der lebensfördernde Irrtum der jungen Alten wie Goethe und Bloch, daß sie die Fähigkeit besaßen, über die Prosa der Welt hinwegzusehen und sie stets aufs neue zu poetisieren und sich von nichts die Phantasie verderben zu lassen.

Heute, wo in der Bumsrepublik Deutschland die Massenillustrierten ihre Version der libidinösen Befreiung artikulieren („Sein knackiger Po macht mich tierisch an"), hat sich die sexuelle Revolution auf die sexuelle Reaktion reduziert, und der Glaube, daß im Eros ein gesellschaftssprengendes Potential verborgen liege, hat sich als nackter Irrtum erwiesen – freilich als liebenswertester aller Irrtümer.

Ein Irrtum, der einmal schwarz auf weiß in einem Buch gedruckt steht, kann hundertmal in anderen Publikationen korrigiert und widerlegt werden – es kommt immer wieder aufs neue ein Öchslein angetrottet, das von den hundert Korrekturen und Widerlegungen nichts mitbekommen hat und den alten Irrtum wiederkäut.

Irren ist menschlich, Irrtümer beseitigen ist übermenschlich.

Was ist falsch an der Wahrheit?

Das Erfinden neuer Wörter ist bedeutend leichter als das Herausfinden neuer Wahrheiten.

Wahrheiten, die in einer Sache liegen, bleiben nur so lange wahr, wie man sie dort liegen läßt.

Wer alles durchschaut hat, sieht nichts mehr. Nur wenn man sich noch Illusionen über die Wirklichkeit macht, kann man Wahres erkennen.

Nichts ist wahr in der Seemannsbar.

Nirgendwo ist die Wahrheit weniger erwünscht als in der akademischen Zettelkastengesellschaft.

Wie erwirbt man sich am schnellsten den Ruf eines Lügenbolds? Ganz einfach – man braucht nur immer die Wahrheit zu sagen.

An alles haben die Philosophen gedacht, nur nicht an dieses: die Wahrheit will wirklich niemand hören.

Wer einmal erlebt hat, wie sich sämtliche unberufenen Marktschreier in ein Thema hineingedrängt haben, der konnte daraus nur lernen, daß der schöne alte Begriff Wahrheit ein naives Phantom ist und daß die Aufklärung, soweit sie auf Breitenwirkung bedacht ist, stets vom Gehampel der menschlichen Leidenschaften verdunkelt wird.

Die Wahrheit ist unparteiisch, deshalb wird sie von allen Lobrednern und -byisten verfälscht.

Angesichts des übermächtigen Unverstandes bleibt dem wahren Connaisseur nur der Rückzug auf ein pythagoräisches Stillschweigen, und das bedeutet: sich aus den Streitigkeiten der Welt heraushalten, das Gebrabbel der Medien an sich abtropfen lassen, in kleinsten Kreisen wirken und auf die unsichere Möglichkeit bauen, daß Nachgeborene einen Teil der konfusianischen Unwahrheit wieder zurechtrücken werden.

„Die Wahrheit hat noch keinem geschadet – außer dem, der sie ausspricht“ (Helvétius).

Der Mensch

Der Mensch ißt, was er ist.

Der Mensch ist die Maßlosigkeit aller Dinge.

Der Mensch hat Dinge geschaffen, die ihm über den Kopf wachsen, und wundert sich auch noch, daß er die Übersicht verliert.

Der Mensch hat die Erde verwüstet und sträubt sich dagegen, daß er dafür büßen muß.

Der Mensch macht die Welt kaputt, aber ehe ihm das ganz gelingt, macht die Welt den Menschen kaputt.

„L'homme, c'est Pommes Frites“ (Buffet).

Der Mensch: eine Maschine, die dauernd reparaturbedürftig ist.

Der Mensch ist das einzige Tier, das sich für kein Tier hält.

Der Mensch ist eine Unart der Evolution.

Der Mensch ist, was er liest.

Keine Zeit

Wir haben keine Zeit zu verlieren und anschließend noch zu suchen.

Die Zeit drängt? Wir drängen die Zeit.

Denken, das an der Zeit ist, wirkt immer unzeitgemäß.

Die Jetztzeit befindet sich genau in der Mitte zwischen der Jetzt-noch-nicht-Zeit und der Jetzt-nicht-mehr-Zeit.

Mit der Zeit gewöhnt man sich sogar an die Zeitlosigkeit.

Die einen haben ihre Zukunft schon hinter sich, die anderen haben ihre Vergangenheit noch vor sich.

Der Zahn der Zeit braucht Wurzelbehandlung.

Die Zeiten ändern sich – Präsenz, Imperativ, Präfekt, Pluspamperdreck.

Der Mai ist gekommen, die Bäume schlagen lang hin.

Ewigkeit? Unsterblichkeit? Wir schreiben alle nur noch für den Augenblick.

Wer in der Spätphase der Prämoderne frühzeitig merkt, daß auf jede Postmoderne noch eine Postpostmoderne folgt, liegt genau richtig, nämlich auf der Eiszeitbärenhaut.

Zu gut er letzt

Am Anfang war das Wortlose.

Vergessen kann man nur das Unvergeßliche.

Wenn es nur heiß genug ist, wird alles eins.

Die Extremitäten berühren sich.

Alles schreitet fort, nur der Fortschritt nicht.

Solange alle eitel sind, ist noch nicht alles eitel.

Weh spricht: „Vergeh vor Wonne“.

Alles Gleichnishafte ist vergänglich.

Die Erscheinung muß verwesen.

Das Unwesen muß nicht erscheinen.

Der letzte Mohikaner war Hegelianer.

Jedes Zweierlei wird einmal einerlei.

Damit wir andre Sterne sehen, muß unsre Sonne untergehen.

Das Ende der Welt ist nicht der Welt Ende.

Zum Schluß wird alles Literatur.

Publikationenverzeichnis

1963 Discipulus: Dornröschen (und andere Beiträge)
1965 Relais: Aphorismen (und andere Beiträge)
Hessische Allgemeine: Und die Heuchelei geht weiter
1966 Bierzeitung: Faust und wir (und andere Bierkrüge)
Relais: Hut Ab Vor Einem MANN
Info Junge Presse Hessen, Nr. 2, S. 2-4: FAZ, eine Stiluntersuchung
1967 Relais: Aphorismen
1973 pardon, Nr. 9, S. 78: Aphorismen (die Überschriften und der letzte Aphorismus sind nicht von mir)
das pult, Nr. 4, S. 21: Aphorismen
Marx' materialistische Sprachtheorie, 334 S.
1974 kreatives literaturlexikon, S. 41: Gedicht
literatur/manuskript, Nr. 9/10, S. 50-54: Punkte
das pult, Nr. 31, S. 4-8 und Nr. 32/33, S. 31-36: Till Eulenspiegel, ein Rebell der Sprache
das pult, Nr. 34, S. 21-25: Comics
Merkur, Nr. 8, S. 804-805: Ketzersprüche
Ein Körnchen Lüge, 71 S.
Sprachdenken, 193 S.
1975 das pult, Nr. 36, S. 32-40 und S. 96-100: Prosa
Ulcus Molle Info-Dienst, Nr. 11/12, S. 65: Souveräne Ironie
Politische Sprache, 197 S.
Mensch, du Affe, 134 S.
1976 das pult, Nr. 41, S. 22-24 und S. 69-70: Aphorismen
Das Geheimnis des Fetischismus, 132 S.
1977 pardon, Nr. 5, S. 146: Aphorismen (die Überschrift und der vierte Aphorismus sind nicht von mir)
pardon, Nr. 7, S. 128-129: Aphorismen

pardon, Nr. 8, S. 113: Aphorismen
pardon, Nr. 10, S. 115: Aphorismen
das pult, Nr. 44, S. 38-49: Satirische Philosophie (redaktionell gekürzt)
das pult, Nr. 45, S. 92-97: Nörgeleien
das pult, Nr. 47, S. 81-88: Karl Kraus und die Folgenlosigkeit (redaktionell gekürzt)
Neue Politik, April, S. 62-70 und Mai, S. 59-70: Denkzettel I
Neue Politik, August, S. 64-70 und September, S. 52-59: Denkzettel II
Neue Politik, Dezember, S. 56-62: Denkzettel III

1978 das pult, Nr. 48, S. 26-32: Aphorismen

1979 Franco Furto, Nr. 2, S. 7, 28, 42-49: Aphorismen
das pult, Nr. 53, S. 82-87: Sprachkritische Notizen
MIZ, Nr. 3, S. 2-6: Aphorismen

1980 MIZ, Nr. 1, S. 8: Aphorismen
das pult, Nr. 58, S. 53-64: Philosophische Notizen
Neue Politik, September, S. 49-63: Metaphernlogik
Publikation, Nr. 2, S. 12-15: Die Häßlichkeit der Ästhetik
Ein Körnchen Lüge, Zweite Ausgabe, 77 S.
Anleitung zur Ketzerei, 258 S.
Ringelsternchen, 79 S.

1981 Versuchungen, Bd. 2, S. 65-75: Anstiftung zur Heterodoxie
Frankfurter Rundschau, 14. Oktober: Freuden und Mißlichkeiten der Selbstverlegerei (auch in: Publikation, 16. Oktober 1981 und in: das pult, Nr. 62/1981, S. 23-27)
Die Geschichte vom Rotkäppchen, 143 S. (und mehrere veränderte und erweiterte Ausgaben)

1982 das pult, Nr. 66, S. 41-46: Blick auf Adorno (auch in: taz, 8. Dezember 1984 und in: AZ-Magazin, Nr. 5/1985)

1983 Unter dem Pflaster liegt der Strand, Nr. 12, S. 7-26:

Titeleien
Die Sehnsucht nach der Südsee, 175 S. (und 2. Auflage)
Ein Körnchen Lüge, Dritte Ausgabe, 79 S.

1984 pogrom, Nr. 108, S. 1: Das besondere Buch
Beilage zu: Die Geschichte vom Rotkäppchen, 8. Auflage, 24 S.
Ringelsternchen, Zweite Ausgabe, 95 S.
Das Geheimnis des Fetischismus, 2. Auflage, 134 S.
Anleitung zur Ketzerei, 4. Auflage, 258 S.
Sprachdenken, 2. Auflage, 196 S.

1985 De Valse Papalagi Papa, 43 S. (Amsterdam)
La Storia di Cappuccetto Rosso, 143 S. (Genua)

1986 Bilder vom Rotkäppchen (Anthologie), 127 S.

1989 (Akü, Abkürzungslexikon, 64 S.; primitive und entstellende Verlagsbearbeitung, die mit meinem Manuskript nur eine entfernte Ähnlichkeit aufweist)
Der Trotter, Nr. 55: Gedicht

1991 Maximen und Moritzimen, 175 S.

Manuskriptverzeichnis

Die Rede von den Naturgesetzen
Scholien. Aufsätze zur Philosophie und Sprachkritik
Das vorletzte Rotkäppchenbuch
Shakespeares Sonett Nr. 66 in 66 Übersetzungen
Zitate im Denken
Spielraum der Phantasie
Alexander, König der Philosophen
Die Frauen, die Frauen, die Frauen. Drei Geschichten
Akübu. Ein Wegweiser durch die Welt der Buchstaben
Till Eulenspiegel. Theaterstück
Notizhefte I-XXIII

WEITERE MURIBÜCHER